文系でも必ずわかる

中学数学

×

Python

谷尻かおり
メディックエンジニアリング

超簡単 プログラミング入門

日経BP

はじめに

「社会に出たら数学なんて使わないと思っていたのに……」、「理数系は苦手だから大学は文系の学部を選んだのに……」——なのに、今は社会人も文系学部の学生も、すべての人に数学的な感覚や知識が求められる時代です。その背景にあるのは、日々ものすごい速さで大量に更新される多種多様な情報（ビッグデータ）の活用です。膨大なデータの解析には機械学習やディープ・ラーニングといった最先端のAI技術が必要で、それを使いこなすには数学知識が必要で……。わかってはいるけれど、今から一体何を勉強したらいいのかわからない！

この本は、そんな"数学が苦手な"みなさんの最初の一歩になればと思って作った本です。どうせなら数学とPythonによるプログラミングを同時に勉強してしまおうという、ちょっと欲張りな本にしました。でも、「数学とプログラミングを同時になんて難しそう…」と感じるかもしれません。そこで、この本では思い切ってテーマを「一次関数」に絞りました。一次関数、

覚えていますか？

リンゴは1個200円です。これを5個買うと、いくらになるでしょう？——普通は「200×5」という式を書いて答えを出しますね。小学生のころ、リンゴの個数を□に置き換えた「$200 \times □$」という式を書いて、リンゴの個数が変わったときの値段を計算したこともあるでしょう。中学生になるとリンゴの個数をx、そのときの値段をyと置いた「$y = 200x$」のような式を作ってグラフを描き、変数xの値が決まると変数yの値が1つに決まる関係にあることを習います。これが本書で扱う一次関数です。この簡単な数式なら、数学が苦手な人でも理解できそうでしょう？ そして、これならプログラミングが初めての人でもプログラムで計算することができるのです。

この本で扱う数式は「$y = ax + b$」、つまり「直線」が基本です。「直線だけ？」と驚くかもしれませんが、数学もプログラミングも、まずは「直線」という頭の中で想像できるくらい簡単

なテーマから勉強するのがおすすめです。いろいろな直線がどのような数式で表されるのか、その数式の一部を変えると直線はどう変わるのか。Pythonでプログラムを書いて、その結果を確認しながら確実に理解を深めていきましょう。最後まで進むと数学にも自信が付いて、Pythonのプログラミングもできるようになり、さらに「機械学習」とはどんなものなのか、ぼんやりではあっても見えてくるはずです。

　そしてもう1つ、大事な話をしておきましょう。もしも日本語をまったく読めない人がこのページを開いたとしても、「$y = ax + b$」という式を見て「きっと一次関数の話をしているんだろうな」と想像することはできます。また、「$y = 200x$」を見て、あなたと同じグラフを描くこともできます。つまり、数式は世界中で通じる共通言語です。同じようにプログラミング言語も世界共通の言語です。ということは、インターネットで何でも調べられる今、日本語以外の言葉で書かれたページでも、そこに書かれた数式やプログラムを通じて内容を想像することができるのです。そう考えると、数式やプログラミング言語に対する見方も少し変わってきませんか？

　最後になりましたが、この本の執筆にあたり「中学数学の無料オンライン学習サイト chu-su-」主宰の潮木祐太氏に大変貴重なアドバイスをいただきました。心より御礼申し上げます。

2020年9月　谷尻 かおり

もくじ

第1章
Pythonの準備とプログラミングの基礎

第2章
直線を表すグラフ

第**8**章
機械学習への道のり～これ から学びたい領域............223

サンプルデータのダウンロード

　本書で紹介しているプログラムのうち、プログラムコードとして掲載しているもの、およびプログラムに読み込んで使うデータを、本書のWebページからダウンロードしていただけます。

https://project.nikkeibp.co.jp/bnt/atcl/20/P95970/

にアクセスすると、「データダウンロード」欄にあるリンクを開いたページにダウンロードに関する説明があります。それに従って該当するファイルをダウンロードしてください。

※ファイルのダウンロードには日経IDおよび日経BPブックス＆テキストOnlineダウンロードサービス
　への登録が必要になります（いずれも登録は無料）。

　ダウンロードしたファイルはZIP形式になっており、誌面でリストとして紹介したプログラムを収録しています。本書ではプログラムの作成および実行環境として「Jupyter Notebook」を利用します。このためサンプルプログラムはJupyter Notebookの.ipynb形式で配布しています。くわしくは第1章をご覧ください。

第1章
Pythonの準備とプログラミングの基礎

この章はPythonに初めて触れる人、Pythonでのプログラミング経験が少ない人のための章です。プログラミング開発環境のインストール方法や、第2章以降を読むために必要なPythonの文法、プログラミング用のツール（エディタ）の使い方などを紹介します。すでにPythonでのプログラミングに慣れている人は、必要なところだけ拾い読みしていただいてかまいません。

1 数学とPythonは相性がいい

　世の中にはたくさんのプログラミング言語がありますが、その中からこの本ではPythonを選びました。その理由は、数学の勉強をするときにPythonが強力な助っ人になってくれるからです。

　たとえば学生時代に、数学の授業で図1-1のようなグラフを描いたことがあるでしょう？　几帳面な人は定規を使って座標軸を書いて、目盛りを書いて、座標に点を打って線でつないで……。難しい作業ではありませんが、それでも図1-1右のようになめらかな曲線を描くのには苦労したのではないでしょうか。

図1-1　一次関数のグラフと二次関数のグラフ

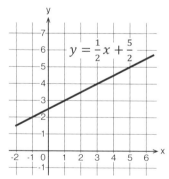
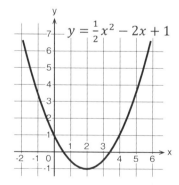

　Pythonには標準で使える基本的な機能のほかに、「パッケージ」または「モジュール」という単位でたくさんの機能がライブラリとして提供され

ています。その中の1つであるMatplotlib.Pyplotモジュールを利用すると、数式から図1-2のようなグラフ[*1]を描画する機能を簡単に追加できます。第2章からは「直線」を表す式をたくさん見ていきますが、その数式のどこを変えるとグラフがどう変わるのか、手書きでは面倒でなかなか試せないこともPythonなら何度でも実行できます。

[*1] この本では二次関数を扱いませんが、グラフの描き方は一次関数（直線）と同じです。なお、一次関数以外のグラフは第8章で紹介しています。

図1-2 Pythonで作成した $y = \frac{1}{2}x + \frac{5}{2}$ のグラフ（左）と $y = \frac{1}{2}x^2 - 2x + 1$ のグラフ（右）

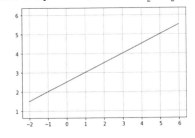
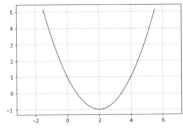

また、数学では

$$(x + 4)^2 + (x - 3)^2$$

のような文字式を整理したり、

$$-x + 2y = 5$$
$$2x + y = 5$$

といった連立方程式を解いたりする場面がたくさんあります。このように簡単な式であればよいのですが、もっと複雑になってくると手計算では時間がかかるし、途中で間違ってしまうかもしれませんね。

このような代数計算のためにはSymPyというモジュールが用意されています。これを利用すると、上記のような文字式をプログラムの中でそのまま扱えるようになります。これがどれほど便利かということは第3章以降で確認していただくとして、ここではとにかく、Pythonに加えてSymPyを利用すれば手計算よりもはるかに効率よく、そして正確に式の整理ができて方程式の解も求められるということを覚えてください（図1-3）。

図1-3　SymPyを使って処理した式の整理と連立方程式の解の例

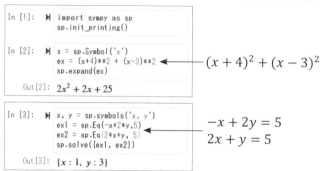

ここで紹介したMatplotlib.PyplotモジュールやSymPyモジュール以外に
も、Pythonには数値計算や統計処理、言語解析や画像処理、そしてデータ
ベースなど、数多くのモジュールが用意されています。また、機械学習や
ディープ・ラーニングといった人工知能（AI）を開発するためのフレーム
ワーク*2も多数利用できることから、Pythonは多くの企業や研究者に利用
されています。

*2　たくさんの機能を持つライブラリのことを「フレームワーク」と呼ぶことがあります。

と、ここまでくると「難しそう……」と不安に思うかもしれません。でも
Pythonはプログラムの書き方がとてもシンプルでわかりやすく、プログラ
ミングの教育用としても人気の高い言語です。また、プログラムに書いた
命令は1つずつ実行されるため、途中に間違いがあったとしても、その直
前までは実行できます。このため、間違いを見つけやすいという点からも、
プログラミング入門者にはおすすめの言語です。

❷ Anacondaディストリビューション

　Pythonの導入にはいくつか方法がありますが、最もシンプルなのは公式サイト（https://www.python.org/）からダウンロードする方法です（図1-4）。Pythonでプログラムを開発し、実行するために最低限必要なものをすべて入手できます。

図1-4　Python公式サイト

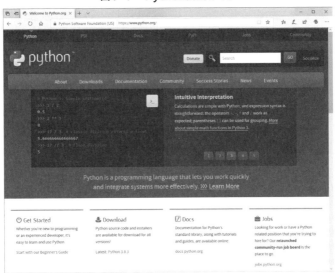

https://www.python.org/

　ただし、ここで入手できるのは余計なものが一切入らない純粋なPythonです。前節で紹介したMatplotlib.PyplotモジュールやSymPyモジュール、その他の便利なモジュールを利用するには、図1-5のようにpipコマンドを使って追加でインストールしなければなりません。必要なものを選んでインストールできるというのは魅力的ですが、コマンドの入力に慣れていない人には気後れする作業でしょう。

図1-5　SymPyを手動でインストールしているところ

　この面倒な作業を引き受けてくれるのがAnacondaディストリビューション[*3]です。これを利用すると公式サイトからダウンロードできる標準のPythonに加えて、MatplotlibやSymPy、数値演算、統計処理などの外部から提供される機能、そしてJupyter Notebookというプログラムの編集ツールも一括して入手できます。Pythonでのプログラミングを手軽に始められて、なおかつ便利な機能をすぐに使えるという点から、この本ではAnacondaディストリビューションを使ったインストールをおすすめします。

[*3]　プログラム開発に必要なものを一括してインストールできるようにまとめたものを
「ディストリビューション」と呼びます。

❸ Anacondaのインストール

Anacondaは、https://www.anaconda.com/products/individualか　らWindows版、MacOS版、Linux版が入手できます（図1-6）。ここではWindowとMacOSでのインストール方法を紹介するので、ご使用になっているOSに合わせて読み進めてください。

図1-6　Anacondaディストリビューションのダウンロードページ

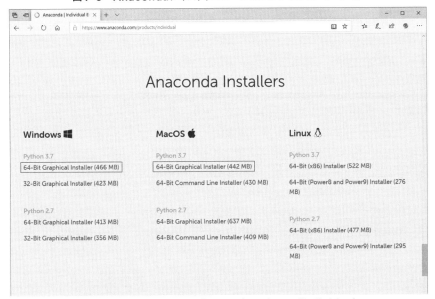

https://www.anaconda.com/products/individual

なお、図1-6を見てもわかるように、AnacondaでダウンロードできるPythonのバージョンには「3.x」と「2.x」*4の2種類がありますが、2つのバージョンには互換性がないので注意してください。この本に掲載したプログラムは、Python3.7で動作することを確認しています。ダウンロードの際にはPython 3.x*5を選択してください。

＊4　Python2.7は2020年4月のリリースを最後に、サポートを終了しました。
＊5　ダウンロードする時期によってバージョンは変わります。

15

3.1 Windowsにインストール

　Anacondaのダウンロードページ（図1-6）でPython3.xの「64bit Graphical Installer」または「32bit Graphical Installer」を選択してください。64ビット版と32ビット版のどちらを利用するかは、ご使用の環境に応じて選択してください。なお、インストールする時期によってAnacondaのバージョンやPythonのバージョン、インストール画面のデザインや構成などは変わる可能性があります。その場合はバージョン番号の部分を適宜読み替えて、適切なバージョンをダウンロードし、インストールしてください。

　ダウンロードしたファイルをダブルクリックすると、インストーラが起動します（図1-7）。[Next]をクリックしてください。

図1-7　インストーラを起動したところ

　次に使用許諾契約が表示されます（図1-8）。内容を確認して[I Agree]をクリックしてください。

図1-8　使用許諾契約に同意する

表示が切り換わり、インストール方法の選択画面が表示されます（図1-9）。「Just Me」を選択して ［Next］ をクリックしてください。

図1-9　インストールの対象となるアカウントを選ぶ

続く画面でインストール先のフォルダが表示されます（図1-10）。初期値のまま ［Next］ をクリックすると、C:¥Users¥<ユーザー名>¥Anaconda3フォルダにインストールされます。インストール先を変更する場合は ［Browse...］ をクリックしてください。パスを直接入力する場合、スペースやUnicode文字（日本語など）は使用できないので注意してください。

図1-10　インストール先のフォルダを指定

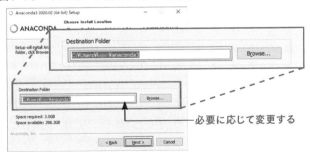

必要に応じて変更する

続いて、インストールオプションの選択画面です（図1-11）。上のオプションはWindowsの環境変数PATHにPythonのフォルダを追加するかどうかですが、メッセージの最初に「Not recommended.（非推奨）」と書かれています。チェックはオフのままにしておきましょう。下のオプションは

標準のまま、チェックをオンにしておいてかまいません。[Install]をクリックして、インストールを開始します。

図1-11　インストールオプションは標準のままでよい

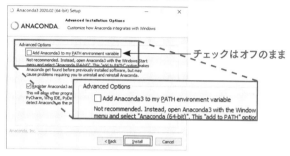

インストールの進行中は、特に操作はありません（図1-12）。完了すると、画面下部のボタンが押せるようになるので、[Next]をクリックしてください。

図1-12　インストール中の画面

最後にPyCharm*6に関する情報が表示されます（図1-13）。このまま[Next]をクリックして先に進めましょう。

図1-13　PyCharm IDEに関する情報が表示されたところ

* 6　PyCharm は Python の統合開発環境です。この本では使用しませんが、PyCharm を利用するには Anaconda とは別にインストールする必要があります。

　図1-14の画面が表示されたらインストールは完了です。[Finish] をクリックしてください。

図1-14　インストール完了

　インストールが完了したらPythonのバージョンを確認しておきましょう。Anacondaのインストールを完了すると、スタートメニューに「Anaconda3」が追加されます。その中から「Anaconda Prompt（anaconda3）」を選択すると、コマンドプロンプトが起動します。次のコマンドを入力してください。

```
> python --version
```

　このハイフン (-) は2つ並んでいます。この通り入力しましょう。最後

にEnterキーを押すと、次の行にPythonのバージョンが表示されます（図1-15）。「Python 3.x.x」のように表示されることを確認してください。

図1-15　Pythonのバージョンを確認する

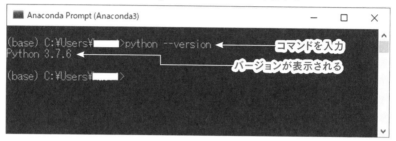

3.2 MacOSにインストール

　Mac OSにインストールする場合は、Anacondaのダウンロードページ（図1-6）で「Mac OS」の列にあるPython3.xの「64bit Graphical Installer」を選択してください。ダウンロードしたファイルをクリックすると、インストールの確認画面が表示されます（図1-16）。ここでは［続ける］をクリックしてください。なお、インストールする時期によってAnacondaのバージョンやPythonのバージョン、画面のデザインなどは変わる可能性があります。その場合は適宜読み替えてください。

図1-16　インストール開始の確認画面

　インストーラが起動したら［続ける］をクリックしてください（図1-17）。特に操作が必要がない場面では、同様に［続ける］で先に進めていきましょう。

図1-17　「はじめに」のメッセージが表示される

「大切な情報」にはAnacondaのインストールに関する情報が表示されています（図1-18）。内容を確認して［続ける］をクリックしてください。

図1-18　「大切な情報」画面が表示される

続く「使用許諾契約」画面で［続ける］をクリックすると、条件に同意するかどうかの確認画面が表示されます（図1-19）。内容を確認して［同意する］をクリックしてください。

図1-19　使用許諾契約と確認画面

「インストール先の選択」画面では「自分専用にインストール」を選びます。環境によって「この場所にはAnaconda3をインストールできません」と表示されることがありますが（図1-20）、あらためて「自分専用にインストール」をクリックすると画面下部の操作ボタンを選択できるようになります（図1-21）。［続ける］をクリックして次に進みましょう。

図1-20　「インストール先の選択」画面では「自分専用にインストール」を選ぶ

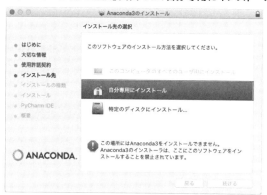

図1-21　　［続ける］ボタンで先に進む

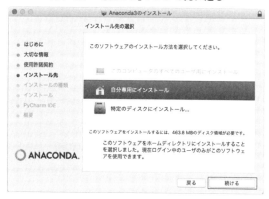

　図1-22の画面で［インストール］をクリックすると、/Users/<ユーザー名>/opt/anaconda3フォルダにAnacondaをインストールします。インストール先を変更する場合は、［インストール先を変更］をクリックしてください。

図1-22 インストール先を変更する場合は「インストールの種類」画面で

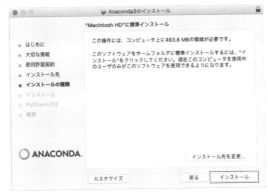

インストールには少し時間がかかります。途中で図1-23の画面が表示されたときは [OK] をクリックしてください。

図1-23 ファイルへのアクセスを確認する画面が表示されることもある

最後にPyCharm[*7]に関する情報が表示されます（図1-24）。[続ける] をクリックしてください。

図1-24 PyCharm IDEの案内が表示されるが[続ける]で先に進めてよい

[*7] PyCharm は Python の統合開発環境です。この本では使用しませんが、PyCharm を利用するには Anaconda とは別にインストールする必要があります。

インストールを完了すると、図1-25の画面が表示されます。[閉じる]を
クリックしてください。このあと、ダウンロードしたファイル（インストー
ラ）を削除するかどうかの確認画面が表示されます。不要であれば「ゴミ
箱に入れる」をクリックしてください。

図1-25　「概要」が表示されればインストールは完了

Anacondaのインストールが完了したら、Pythonのバージョンを確認し
ておきましょう。Finderから「アプリケーション」フォルダ、「ユーティリ
ティ」フォルダの順に開くと「ターミナル」があります（図1-26）。

図1-26　Application→ユーティリティの順にフォルダを開く

ターミナルを起動して、「＄」が表示されたら、それに続けて次のコマン
ドを入力してください。

```
$ python --version
```

ハイフン（-）は2つ並んでいます。この通り入力しましょう。

最後にReturnキーを押すと、次の行にバージョンが表示されます（図1-27）。「Python 3.x.x」のように表示されることを確認してください。

図1-27　表示されたPythonのバージョンを確認する

4 対話型インタプリタを使う

Pythonには対話型インタプリタ*8という機能があります。「対話型」という言葉の通り、命令（コマンド）を入力すると即座に実行して結果を返してくれる機能です。まとまったプログラムを書くことはできませんが、手軽にPythonのコマンドを実行できるので、使い方を覚えておくととても便利です。

＊8　「インタプリタの対話モード」のほうが正しい表現かもしれません。「対話型シェル」や「インタラクティブシェル」と呼ばれることもあります。

4.1 Pythonインタプリタを起動する

WindowsとMacOSでの起動方法を紹介します。ご使用になっているOSに合わせて読み進めてください。異なるのは起動方法だけで、起動したあとの操作は基本的に変わりません。

■Windows

スタートメニューからAnaconda3→Anaconda Prompt（anaconda3）の順に選択してコマンドプロンプトを起動してください。ここで、「>」記号

に続けて

```
> python
```

と入力してEnterキーを押すと、Pythonインタプリタが起動します。行頭の「>>>」[*9]が目印です(図1-28)。

図1-28　Pythonインタプリタを起動したところ(Windows)

Anaconda Prompt (anaconda3) - python
(base) C:¥Users¥ >python
Python 3.7.6 (default, Jan 8 2020, 20:23:3
Type "help", "copyright", "credits" or "lic
>>>
コマンドを入力して起動

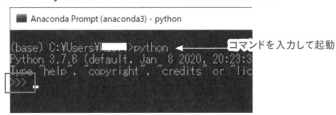

＊9　Windowsのコマンドプロンプトに表示されていた「>」や、Pythonインタプリタの「>>>」を「プロンプト」と言います。、Pythonインタプリタの「>>>」は、次節で説明する「...」と区別するために「一次プロンプト」と呼ぶこともあります。

■MacOS

Finderから「アプリケーション」フォルダ、「ユーティリティ」フォルダの順に開くと「ターミナル」があります。これを起動して

```
$ python
```

と入力してください。Returnキーを押すと、Pythonインタプリタが起動します。行頭の「>>>」[*10]が起動したことの目印です(図1-29)。

図1-29　Pythonインタプリタを起動したところ(MacOS)

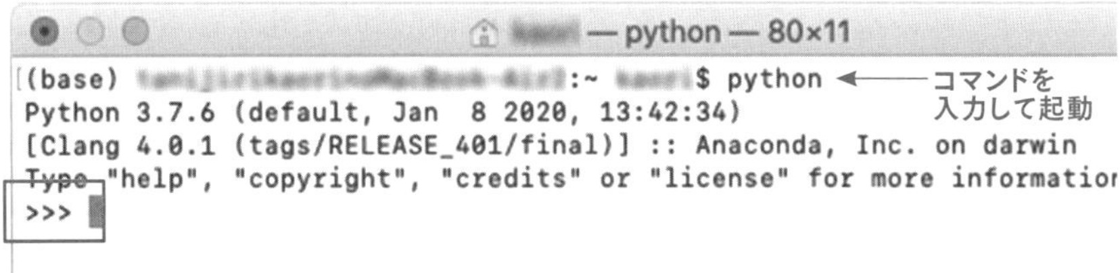

— python — 80×11
(base) :~ $ python
Python 3.7.6 (default, Jan 8 2020, 13:42:34)
[Clang 4.0.1 (tags/RELEASE_401/final)] :: Anaconda, Inc. on darwin
Type "help", "copyright", "credits" or "license" for more informatio
>>>
コマンドを
入力して起動

4.2 コマンドを実行する

　Pythonインタプリタの操作方法にも慣れておきましょう。行頭に「>>>」
が表示されているときは、Pythonの命令を入力できる状態です。ためしに

```
>>> print('abc')
```

と入力してEnterキー（またはReturnキー）を押すと、次の行に「abc」が表
示されるはずです（図1-30）。

図1-30　print('abc')を実行する

　print()は（　）の中に書いた文字列や変数の値を画面に出力する命令です。
図1-30はこれを実行した結果、次の行に「abc」が表示されたということを
示しています。

　実行結果の次の行には再び「>>>」が表示されて、命令の入力待ちにな
ります。今度は

```
>>> apple = 100
```

を実行してみてください。これは「変数appleに100を代入する」とう命令
です。今はその意味がわからなくても、とりあえず上記の通りに実行して
みてください。この場合は命令を実行したあとに結果として見せるもの
がないので、次の行には再び「>>>」が表示されてコマンドの入力待ちに

27

なります。「だったら本当に実行したかどうかわからないじゃないか」と思うかもしれませんが、次の行にプロンプトが表示されたのはコマンドが正しく実行できたことの証です。もしも実行できなかったときは画面に「****Error」[11]のようなメッセージが表示されます。くわしくはこの後のコラムを参照してください。

＊11　エラーの内容に応じて「****」の内容が変わります。

　では、本当に「apple = 100」が実行できたのか確認してみましょう。

```
>>> apple
```
のように変数名だけを入力してEnterキー（またはReturnキー）を押すと値が確認できます。ここでは「100」が表示されるはずです。また、先ほどのprint()を使って

```
>>> print(apple)
```
を実行しても、同じように変数の値を確認できます（図1-31）。

図1-31　変数に値を代入して確認する

　命令の入力中に間違えてEnterキーを押してしまうことがあるかもしれません。その場合は次の行に表示されるプロンプトが「...」[12]に変わります。これは「命令が継続中」であることを表しています。命令の続きを入力してEnterキーを押すと、ちゃんと実行できます（図1-32）。

図1-32 「...」は継続行を表す

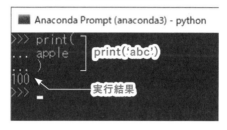

「print(apple)」は途中で改行されていますが、続けて「print(apple)」を入力して実行したときと同じようにappleの値が表示されました。

* 12 「>>>」と区別するために、「二次プロンプト」と呼ぶこともあります。

コラム 入力した命令に誤りがあるとき

入力した命令に誤りがあるとき、Pythonは必ずエラーメッセージを表示します。たとえば、変数appleの内容を確認するときに間違えて「aple」と入力すると、次のようなメッセージが表示されます。

```
>>> aple
Traceback (most recent call last):
  File "<stdin>", line 1, in <module>
NameError: name 'aple' is not defined
```

最後の行がエラーの内容です。ここには「'aple' という名前は定義されていない」のように間違いを修正するためのヒントが書かれているので、「英語は苦手なんだけど…」という人もがんばって目を通すようにしましょう。

4.3 複数行の構文を入力する

この後の「6 Python入門」でくわしく説明しますが、条件判断や繰り返し、関数などは複数行で構成する命令です。この場合は2行目以降の行頭を字下げ（インデント）する決まりになっています。

たとえば、次のtax_include()は消費税込みの金額を計算するために作った関数です。与えられた数値を1.1倍して、その答えを整数で返します。

```
>>> def tax_include(price):
...     tax_in = int(price * 1.1)
...     return tax_in
...
>>>
```

1行目の最後にコロン（:）を入力して改行すると、2行目のプロンプトは継続中を表す「...」に変わります。ここでスペースを4つ入力してから2行目の命令を入力してください。改行すると、再び「...」が表示されます。同じようにスペースを4つ入力してから3行目の命令を入力してください。tax_include()の定義はここで終わりです。次の行では「...」の後ろに何も入力せずに改行してください。すると、ここまでに入力した命令を実行して、もとのプロンプト（>>>）に戻ります。

これでtax_include()という関数を利用できるようになりました。このあとはPythonインタプリタを終了するまで、いつでもtax_include()を呼び出して実行できます。たとえば次のように入力すると、「100」を1.1倍した答えが次の行に表示されます。

```
>>> tax_include(100)
110
```

ここでは関数を例に説明しましたが、このあとで説明する条件判断や繰り返しも書き方は同じです。ifやforという命令の最後にコロン（:）を入力すると、次の行のプロンプトが「...」に変わります。先頭にスペースを4つ挿入してから命令を入力してください。何も入力せずに改行すると、そこ

で命令を実行します。ただし、1文字でも入力を間違えたときはエラーが発生して何も実行されません。こういう場合は、もう一度1行目から入力し直してください。「せっかく入力したのに！」とならないように注意して入力しましょう。

そういう意味では、Pythonインタプリタは何行も続くプログラムを作成して実行するのには向いていません。このあとで説明するJupyter Notebookを利用すると、プログラムの編集作業がとても楽になります。Pythonインタプリタは簡単な命令の確認用、Jupyter Notebookはプログラムの編集用のように使い分けると便利です。

コラム インデントの挿入方法

ここではインデントのためにスペースを4つ入力しました。もちろん1つでも構わないのですが、Pythonでは「インデントはスペース4つ分」が慣例となっています。また、Spaceキーの代わりにTABキーを使いたくなるかもしれませんが、PythonインタプリタではTABキーが別の機能に割り当てられていて使えないことがあります。トラブルを避けるためにも、「インデントはスペース4つ」と覚えておくのが安全です。

4.4 Pythonインタプリタを終了する

プロンプトが表示されている状態で、次のコマンドを実行してください。Pythonインタプリタを終了してWindowsの場合はコマンドプロンプトに、MacOSの場合はターミナルに戻ることができます。

```
>>> exit()
```

Pythonインタプリタを終了すると、それまでに使用していた変数の値や定義した関数などは、すべて失われます。ためしに再びPythonインタプリタを起動して、前節で定義したtax_include()を実行してみましょう。すると「'tax_include' という名前は定義されていない」というエラーが発生し

31

ます。

```
(base) C:¥Users¥xxxx>python    ← Python インタプリタを起動
Python 3.7.6 (default, Jan  8 2020, 20:23:39) [MSC v.1916 64 bit (AMD64)]
 :: Anaconda, Inc. on win32
Type "help", "copyright", "credits" or "license" for more information.
>>> tax_include(100)                ← tax_include(100) を実行
Traceback (most recent call last):
  File "<stdin>", line 1, in <module>
NameError: name 'tax_include' is not defined
>>>
```

　せっかく作った関数がPythonインタプリタの終了と同時に失われてしまうのはもったいないですね。これを残せておければよいのに……。次節で紹介するJupyter Notebookを利用すると、入力したすべての命令をファイルに保存して、いつでも実行できるようになります。

5 Jupyter Notebookを使う

　Jupyter Notebookはプログラムの編集や実行、管理など、すべての作業をWebブラウザ上で実行できるツールです。Pythonインタプリタと同じようにコマンドを1つずつ実行するほかに、複数行の命令をまとめて実行することもできます。また、Jupyter Notebook上で作業した内容はすべてファイルに保存できるので、あとから再利用するのも簡単です。

　第2章以降はJuypter Notebookを使うことを前提に説明しているので、ここで基本的な使い方を覚えておきましょう。なお、Jupyter NotebookはAnacondaと一緒にインストールされます。改めてインストールする必要はありません。

5.1 Juypter Notebookを起動する

Windowsを利用している場合は、スタートメニューからAnaconda3→Jupyter Notebook (anaconda3) の順に選択してください。

MacOSの場合はFinderから「アプリケーション」フォルダ、「ユーティリティ」フォルダの順に開くと「ターミナル」があります。これを起動し、プロンプトの「$」に続けて次のコマンドを入力してしてください。

```
$ jupyter notebook
```

しばらくするとご使用の環境で既定のアプリとして登録されているWebブラウザが起動して、Jupyter Notebookの初期画面が表示されます。この画面を「ホーム画面」と呼びます。ホーム画面にはAnacondaをインストールしたフォルダの内容が表示されます。ここがJupyter Notebookを利用する際のルートフォルダになります。（図1-33）。

図1-33　Jupyter Notebookが起動したところ

コラム Jupyter Notebookのカーネル

Jupyter Notebookを起動すると、Webブラウザが表示される前にコマンドプロンプト（MacOSの場合はターミナル）のような画面が開きます（図1-34）。これはJupyter Notebookの中核となるプログラム（カーネル）で、

Jupyter Notebookで作業している間はずっと作動しています。逆に言えば、この画面を閉じてしまうとJupyter Notebookが使えなくなるので注意してください。

図1-34　Jupyter Notebookのカーネル

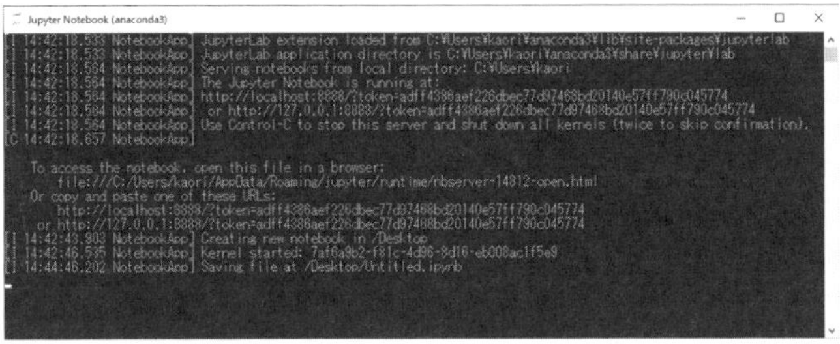

5.2 作業用のフォルダを作成する

　Jupyter Notebookでプログラムを作る前に、作業用のフォルダを作っておきましょう。画面右上にある［New］をクリックして、表示されるメニューの中から「Folder」を選択してください（図1-35）。

図1-35　フォルダの新規作成

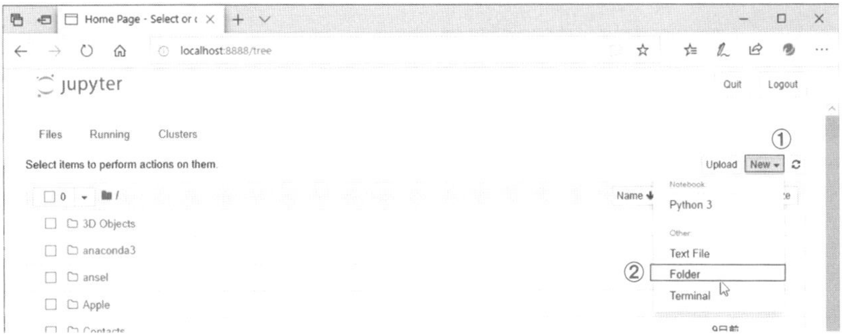

　するとルートフォルダに「Untitled Folder」という名前のフォルダが作成されます。作成時には名前を付けられないので、ここでフォルダ名を変更しましょう。フォルダ名の左側にチェックを入れてから、画面左上の

［Rename］をクリックすると、フォルダ名を変更できます（図1-36）。

図1-36　フォルダ名を変更する

「PythonSample」といったようにわかりやすい名前に書き換えて、
［Rename］をクリックしてください。変更後のフォルダ名をクリックする
と、そのフォルダに移動します（図1-37）。以降はこのフォルダを作業用に
使います。

図1-37　作業フォルダをクリックして開いたところ

5.3 Notebookを作成する

　いよいよ最初のプログラムを作っていきましょう。画面右上にある
［New］をクリックします。この操作自体は図1-35でフォルダを作成する
ときにやりましたね。今度は表示されるメニューの中から「Python3」を選
択してください（図1-38）。

図1-38 Notebookの新規作成

　すると新しいタブが開き、新しいNotebookが表示されます。この
Notebookを使ってPythonのプログラムを編集します（図1-39）。

図1-39 新しいタブで新規のNotebookが開く

　新たに作成したNotebookは「Untitled」という名前になっています。画
面上で「Untitled」の部分をクリックすると名前を変更できるので、わかり
やすい名前に変更しておきましょう。なお、ここでの名前がNotebookの
ファイル名になります。

5.4 コマンドを実行する

　Notebookを開くと、ファイルやフォルダの一覧が表示されていたところ
に「In [　]」という表示で始まる項目が表示されました。この「In [　]」の右
横にある四角い箱を「セル」と言います。ここにPythonの命令を入力して
ください。セルのすぐ左横にある「再生／停止」のようなボタンをクリッ
クすると、命令を実行して結果をセルの直下に表示します（図1-40）。

図1-40 「セル」はプログラムを記述するところ

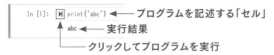

ツールバー上の［＋］をクリックすると、新しいセルを追加することができます。再びコマンドを入力して、今度はツールバー上の［Run］をクリックしてみましょう。この場合はカーソルがあるセルを実行して、新しいセルも追加されます（図1-41）。

図1-41 セルを追加してプログラムを実行

入力した内容にエラーがある場合は、セルの下にエラーメッセージが表示されます（図1-42）。誤りを修正した後、再度［Run］をクリックして実行してください。なお、In［　］やOut［　］に表示される数字は、セルを実行した順番です。実行するたびに自動更新されます。

図1-42 入力したプログラムに誤りがあるときにはエラーメッセージが表示される

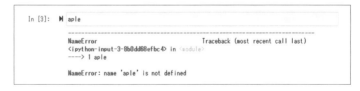

Pythonインタプリタの使い方を説明したときに、条件判断や繰り返し、関数の定義など複数行で構成される命令は、2行目以降を字下げ（インデント）する決まりになっていると説明しました。Notebookでは行末にコロ

ン（:）を入力して改行すると、次の行が自動的に字下げされます（図1-43）。
Pythonインタプリタでは「インデントはスペース4つ分」と覚えてほしい
と書きましたが、Notebookのときは自分でインデントを挿入する必要はあ
りません。挿入されたインデントをDeleteキーまたはBackSpaceキーで削
除すると、インデントを解除することができます。

図1-43　複数行の構文を入力する（関数を記述して実行するプログラムの例）

```
In [4]:  ▶  def tax_include(price):
                 tax_in = int(price * 1.1)
                 return tax_in

             tax_include(100)

Out[4]:  110
```

　ここまでに見てきたように、Jupyter Notebookではセル単位での実行に
なります。コマンドを1つずつ実行したい場合は、セルにコマンドを1つだ
け入力してください。
　Cellメニューを利用すると、コマンドの実行方法を選択できます（図
1-44）。たとえば、Run Cellsメニューを選択すると、カーソルのあるセルを
実行できます。また、Run Allメニューを選択したときは、Notebook内のす
べてのセルの命令を先頭から順番に実行します。カーソルのあるセル以降
を実行するときは、Run All Belowメニューを選択してください。

図1-44　［Cell］メニューを開いたところ

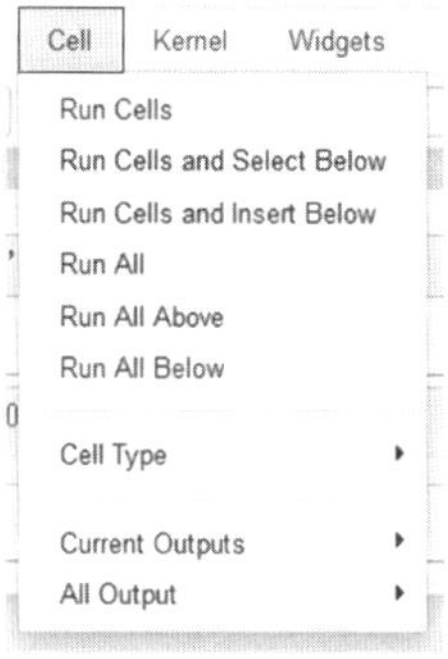

```
  Cell    Kernel    Widgets

   Run Cells
   Run Cells and Select Below
   Run Cells and Insert Below
   Run All
   Run All Above
   Run All Below

   Cell Type              ▶

   Current Outputs        ▶
   All Output             ▶
```

コラム　ツールバーでできること

図1-45はNotebookの編集中に表示されるツールバーです。

図1-45　ツールバー上のコマンドボタン

ある程度パソコンの使い方に慣れた皆さんなら、だいたいのボタンは想像が付くと思いますが、「Code」と表示されているボタンの左側にある「カーネル再起動」ボタンについては、ここで説明しておこうと思います。

2つのうち左側の再読み込みのほうは「カーネル再起動」というボタンです。このボタンをクリックすると、Notebook上で実行した内容がすべて初期化されます。「修正して実行を何度も繰り返しているうちに、変数の値がよくわからなくなってしまった…」というようなときに利用すると便利です。どのセルも実行していない状態に戻すと考えればいいでしょう。

右側のボタンをクリックしたときは、カーネルを再起動したあとにすべてのセルの命令を実行します。また、[Kernel] メニューの中の [Restart & Clear Output] を選択したときは、カーネルを再起動してセルの実行結果をすべて消去することができます（図1-46）。

図1-46　Kernelメニューを開いたところ

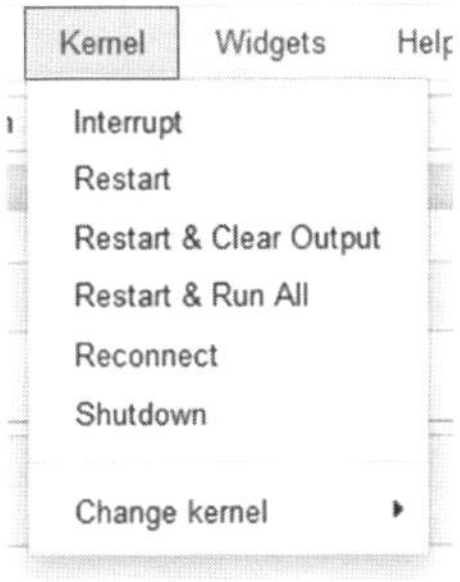

5.5 Notebookを閉じる

Notebookの内容は、Jupyter Notebookが頻繁に自動保存しています。編集した内容がすべて失われるということはほとんどありませんが、Notebookを閉じる前は必ず保存しておきましょう。ツールバーの一番左のボタンをクリックすると、実行結果も含めてすべての内容を保存することができます。

Notebookを閉じるときは、[File] メニューから [Close and Halt] を選択してください（図1-47）。ホーム画面に戻ることができます。

図1-47　Notebookを閉じるときは[File]メニューの「Close and Halt」から

この操作をせずにブラウザのタブを閉じるボタンをクリックすると、Notebookを閉じたあともプロセスが起動したままになってしまうので注意してください（図1-48）。

図1-48　Notebookを開いているタブでは、閉じるボタンは使わないこと

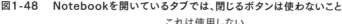

［Close and Halt］を使わずに閉じてしまった場合は、Jupyter Notebookのホーム画面から個別にNotebookを閉じることもできます。プロセスが起動中のNotebookは、ホーム画面上に緑色のアイコンで表示されるので、この場合はチェックボックスをオンにして、［Shutdown］をクリックしてください（図1-49）。

図1-49　ホーム画面から閉じるときは［Shutdown］ボタンで

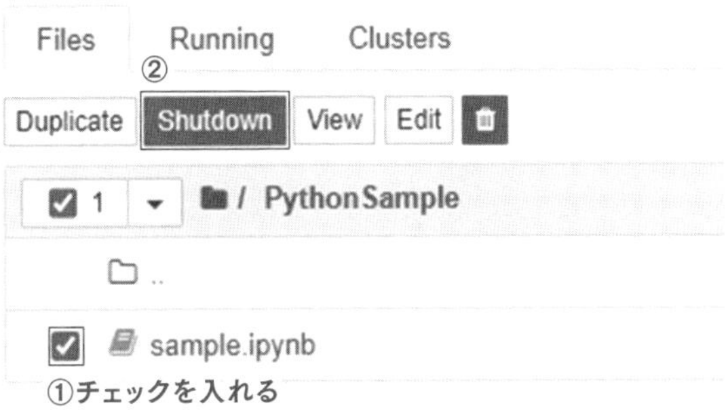

コラム ホーム画面でできること

プロセスを終了したNotebookは、黒色のアイコンで表示されます。この状態でNotebookを選択すると、図1-50のようなツールバーが表示されます。

図1-50　ホーム画面のツールバー

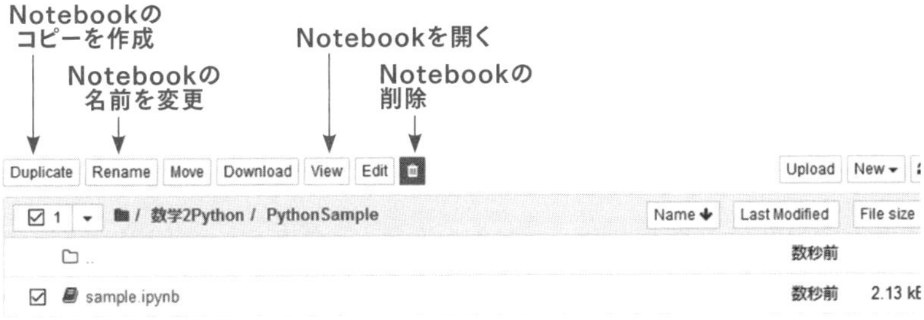

5.6 Jupyter Notebookを終了する

すべてのNotebookを閉じたあと、ブラウザの閉じるボタンをクリック
してブラウザを終了してください。そのあとでカーネルが作動している
ウィンドウを選択し、Windowsの場合は［CTRL］＋［C］キーを押してカー
ネルを終了してください。

MacOSの場合は［Control］＋［C］キーを押すと、画面に

```
Shutdown this notebook server (y/[n])?
```

と表示されるので、「y」キーを押してください。これによりカーネルを終
了してターミナルに戻ることができます（図1-51）。

図1-51　Jupyter Notebookのカーネルを終了する（MacOSの場合）

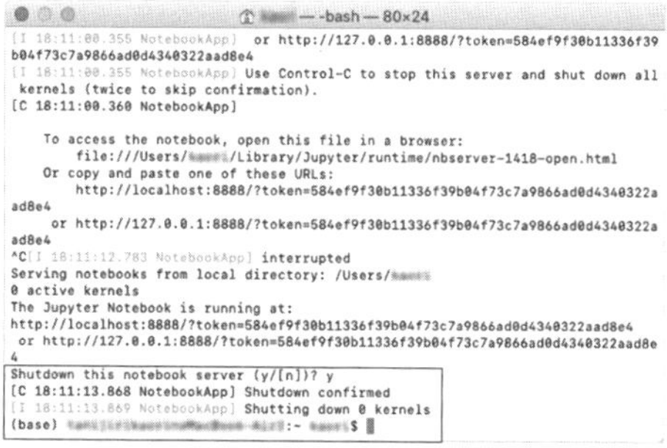

6 Python入門

この本では数学の理解を深めるための道具としてPythonを使用します。その
ため、第2章からは数学の説明がメインになります。プログラミングの経験が浅
い人、またはPythonでのプログラミングに慣れていない人は、ここでPythonの
プログラムの書き方を確認してください。

ただし、Pythonの文法をすべて説明しようとすると、それだけで本が1冊書け
るほどの分量になってしまいます。そのため、ここで説明する内容はこの本を読

むために最低限必要なことだけになることをご了承ください。

「変数」はプログラムの中で使う値を入れる入れ物です。

変数名 = 値

という書式で値を代入します。たとえば、appleという名前の変数に100を代入するときは

```
apple = 100
```

のようになります。変数に入れた値は、いつでも必要なときに取り出して利用することができます。たとえば

```
apple
```

とだけ入力して実行すると、変数appleの内容を取り出して値を確認することができます。もちろん、変数は計算式とともに利用できます。たとえば、

```
tax_in = apple * 1.1
```

を実行すると、変数appleの値に1.1を掛けた答えが変数tax_inに代入されます。本当に計算できているかどうかを確認するために、

```
tax_in
```

とだけ入力して実行してみると、tax_inの値を確認できます。

新規のNotebookを開いて、ここまでのコマンドをセルに1つずつ入力して実行してみましょう。すると、次のようになります。

```
In [1] :     apple = 100
```

```
In [2] :     apple
```

```
Out [2] :    100

In [3] :     tax_in = apple * 1.1

In [4] :     tax_in

Out [4] :  110.00000000000001
```

　変数tax_inの値は小数点を含んだ値になりました。これは小数点以下の数を扱うときに起きる「実数誤差」という現象で、コンピュータがすべてのデータを2進数で扱うことが原因で起こります。実数誤差をなくすことはできませんが、扱い方を工夫することはできます。これについては次節で説明します。

コラム 変数名の付け方

　変数の名前は自由に付けることができます。代入する値の意味がわかるような名前を工夫して付けてください。ただし、Pythonの命令と同じものを変数名に使うことはできません。また、次のような決まりもあるので覚えておきましょう。

- ・使える文字はアルファベットと数字、アンダースコア（_）
- ・1文字目は必ずアルファベット
- ・アルファベットの大文字と小文字は区別される

6.2 データの種類

　変数には数値や文字列、そして正しいか正しくないかを表すブール値を代入できます。ブール値については、この後の「6.5　条件判断」でくわしく説明するので、ここでは数値と文字列について見ていきましょう。

■数値

　数値には整数（int型）と浮動小数点数（float型）の2種類があります。プログラミング言語の中には2つの違いを厳密に区別するものもありますが、Pythonでは変数に代入する値によって自動的にint型とfloat型が選択されます。たとえば、

```
apple = 100
```

を実行すると、変数appleに代入されるのは整数の100です。続けて

```
tax_in = apple * 1.1
```

を実行すると、変数appleの値に1.1を掛けた値、つまり100 × 1.1の答えが変数tax_inに代入されます。ここで私たちは「100 × 1.1 = 110」のように計算して、変数tax_inの値は「110」になると思いますが、実際には「110.00000000000001」という浮動小数点数が代入されます。不思議ですね。

　コンピュータの内部では、すべてのデータが2進数で扱われます。10進数の100を2進数に変換すると「1100100」ですが、1.1は「1.00011001100…」のように小数点以下の値が延々と続きます。これを使って計算するために、100 × 1.1の結果が「110.00000000000001」になったというわけです。このような実数誤差は、どれだけ高性能なパソコンを使っても必ず発生することを覚えておきましょう。

　小数点以下の値を何桁まで使うかは、プログラムを作る人の自由です。また、小数点以下を切り捨てて整数にするという方法もあります。Pythonではint()を使って浮動小数点数を整数に変換することができます。たとえば次の命令を実行すると、変数tax_inには「110」が代入されます。

```
In [1] :     tax_in = int(apple * 1.1)      # 「apple × 1.1」の答えを整数に変換
             tax_in


Out [1] :  110
```

■文字列

Pythonでは文字列（str型）を引用符（'）または二重引用符（"）で囲みます。次の命令は変数messageに「Hello」という文字列を代入して、中身を確認している様子です。表示された値も引用符（'）で囲まれていますね。「1234」も引用符で囲んだときは文字列です。計算に使える数値ではないので注意しましょう。

```
In [2] :     mesage = 'Hello'
             message

  Out [2] :  'Hello'


In [3] :     pin_code = '1234'
             pin_code

  Out [3] :  '1234'
```

コラム コメントの書き方

「コメント」は、プログラムの中に残すメモ書きです。Pythonではハッシュ（#）から行末までがコメントになります。

```
tax_in = int(apple * 1.1)     # この記号から後ろはコメント
```

また、引用符（'または"）を3つ続けると、複数行をまとめてコメントにすることができます。コメントの終わりも、同じように引用符を3つ続けて入力してください。

```
'''
コメント1行目
コメント2行目
'''
```

6.3 計算式の書き方

表1-1は、Pythonで計算するときに使う記号です。これをまとめて「算術演算子」と言います。

表1-1　算術演算子

演算子	意味
+	足し算
-	引き算
*	掛け算
/	割り算
//	割り算の商
%	割り算の余り
**	べき乗

算術演算子を使うには、次のようにイコール（=）の左側に答えを代入する変数名、右側に計算式を記述してください。

```
tax_in = apple * 1.1
```

イコール（=）は「代入」という意味で、右辺の値を左辺の変数に代入するとう処理を行います。そのため、

```
tax_in = int(tax_in)
```

のように記述した場合は、変数tax_inに代入されている値を整数に変換して、tax_inを上書きするという命令になります。ここまでのコマンドを実行すると、次のようになります* 13。

```
In [1]:     tax_in = apple * 1.1        # 「apple × 1.1」の答えを tax_in に代入
            tax_in

   Out [1]:  110.00000000000001

In [2]:     tax_in = int(tax_in)        # tax_inの値を整数に変換して、tax_inを上書き
            tax_in
```

```
Out [2] :    110
```

　また、Pythonには算術演算と代入を同時に行う「複合演算子」もあります（表1-2）。

表1-2　複合演算子

演算子	使い方	算術演算子を使った式
+=	a += b	a = a + b
-=	a -= b	a = a - b
*=	a *= b	a = a * b
/=	a /= b	a = a / b
//=	a //= b	a = a // b
%=	a %= b	a = a % b
**=	a **= b	a = a ** b

　次の順番で複合演算子を使った命令を実行すると、最終的に変数orangeの値は250になります。

```
In [3] :    orange = 200      # orange に 200 を代入
            orange += 50      # orange に 50 を足して、orange に代入
            orange

Out [3] :    250
```

6.4 組み込みデータ型

　変数にはプログラムの中で使う値を1つだけ入れることができます。ただし、リスト型やタプル型、ディクショナリ型を使用すると、1つの変数名で複数の値を扱うことができます。この本でも第2章以降、リストを頻繁に使用します[14]。また、タプルやディクショナリを使う場面[15]もあるので使い方を確認しておきましょう。

＊14　グラフ描画に使うデータを入れるためにリストを使用します。

＊15　タプルは第5章で自作の関数に座標を渡すときに、ディクショナリは第4章で文字式
　　　中の記号に値を代入するときに使用します。

■リスト型

リストは複数の値を順番に並べて管理するデータ型です。

```
変数名 = [要素0, 要素1, 要素2, ……]
```

のように全体を角カッコ（[　]）で囲んでください。たとえば、

```
x = [1, 2, 3, 4, 5]
```

を実行すると、xという名前の変数に「1, 2, 3, 4, 5」という5つの値が代入されます。確認のために

```
x
```

とだけ入力して実行すると、登録した内容が表示されます。また、全体が[　]で囲まれていることから、xはリスト型であることがわかります。

```
In [1] :     x = [1, 2, 3, 4, 5]

In [2] :     x

  Out [2] :  [1, 2, 3, 4, 5]
```

それぞれの要素には先頭から順番に0、1、2…のように連続する番号が付きます。これを「インデックス」と言います。値を参照するときは、インデックスを使って次のように記述します。

```
In [3] :     x[0]     # 先頭の要素を参照する

  Out [3] :  1
```

インデックスは0から始まるので、最後の要素のインデックスは「要素数−1」です。この例では要素数が5なので、最後のインデックスは「4」です。

これを超える値を指定すると、「リストのインデックスが範囲外」というエラーが発生します。次の例では最後の行にそのエラーが表示されています。

```
In [4] :        x[5]      # 存在しないインデックスを指定すると ...
                IndexError          Traceback (most recent call last)
                <ipython-input-13-df3e65441209> in <module>
                ----> 1 x[5]
                IndexError: list index out of range
```

リストの内容は変更できます。たとえば、次の命令を実行すると先頭要素の値を100に変更することができます。

```
In [5] :        x[0] = 100        # 先頭要素に 100 を代入
                x                 # x の内容を確認

  Out [5] :     [100, 2, 3, 4, 5]
```

また、append() を利用すると、リストの最後に要素を追加することができます。

```
In [6] :        x.append(200)    # 値を追加
                x                # x の内容を確認

  Out [6] :     [100, 2, 3, 4, 5, 200]
```

■タプル型

タプルは、リストと同じように複数の値を並べて管理するデータ型です。

```
変数名 = ( 要素 0, 要素 1, 要素 2, ……)
```

のように全体を丸カッコ（（　））で囲んでください。たとえば、

```
p1 = (100, 200)
```

を実行すると、p1 という名前の変数に「100, 200」という2つの値が代入さ

れます。確認のために

```
p1
```

とだけ入力して実行してみましょう。表示された値全体が（　）で囲まれていることから、p1はタプル型であることがわかります。

```
In [7] :      p1 = (100, 200)

In [8] :      p1

  Out [8] :   (100, 200)
```

タプルもインデックスを使って個々の要素を参照することができます。先頭要素のインデックスは0、最後の要素のインデックスは「要素数−1」です。

```
In [9] :      p1[0]

  Out [9] :   100
```

ここまではリストと同じですが、タプルは登録した内容を一切変更できません。値を変更しようとすると、「TypeError: タプルオブジェクトはアイテムの代入をサポートしていない」というエラーが発生します。

```
In [10] :     p1[0] = 1      # 先頭要素に値を代入しようとすると ...
TypeError            Traceback (most recent call last)
<ipython-input-19-e08c9984a734> in <module>
----> 1 p1[0] = 1
TypeError: 'tuple' object does not support item assignment
```

■ディクショナリ型

ディクショナリ型も1つの変数で複数の値を管理できるデータ型です。リストやタプルと異なるのは、インデックスを使わずに「キー」と「値」のペアで複数の情報を管理する点です。

変数名 = { キー1: 値1, キー2: 値2, キー3: 値3, ……}

のように全体を波括弧({　})で囲んで、キーと値の間はコロン(:)で区切って
ください。たとえば、

```
items = {'apple': 100, 'orange': 200}
```

を実行すると、itemsという名前の変数にappleとorangeの2つのキーと、
それぞれの値（100と200）が登録されます。確認のために

```
items
```

とだけ入力すると、登録したキーと値が表示されます。また、全体が {　} で
囲まれていることから、itemsはディクショナリ型であることがわかります。

```
In [11] :     items = {'apple': 100, 'orange': 200}

In [12] :     items

   Out [12] : {'apple': 100, 'orange': 200}
```

ディクショナリの要素は、キーを使って参照します。値の変更も可能です。

```
In [13] :     items['apple']    # apple キーの値を参照

   Out [13] : 100

In [14] :     items['apple'] = 500      # apple キーの値を変更
              items                      # items の内容を確認

   Out [14] : {'apple': 500, 'orange': 200}
```

6.5 条件判断

もしも変数appleの値が100ならば、画面に「OK」を表示する。そうでなければ「NG」を表示する――。このように変数の値を何かと比較して、その結果に応じて処理を分岐させることを「条件判断」と言います。「もしも」は英語でif、「そうでなければ」はelseです。Pythonではプログラムに、ifやelseをそのまま使います。具体的には以下のように命令の最後にコロン (:) を入力し、そのときに実行する処理は字下げ（インデント）して入力してください。

第1章　Pythonの準備とプログラミングの基礎

```
if 条件式 :
    条件式を判断した結果が正しいときの処理
        ⋮
else:
    条件式を判断した結果が正しくないときの処理
        ⋮
```

ifの後ろには、変数の値を何かと比較する式を記述します。たとえば「もしも変数appleの値が100ならば」としたければ、条件式は

```
apple == 100
```

というコードになります。これで変数appleの値が100と等しいかどうかを比較することができます。==は「等しい」を表す演算子で、ほかにも表1-3に示す記号を値の比較に使うことができます。これを「比較演算子」と言います。

表1-3　比較演算子

演算子	意味
==	等しい
!=	等しくない
<	より小さい（未満）
>	より大きい
<=	以下（等しいか、それよりも小さい）
>=	以上（等しいか、それよりも大きい）

53

条件式を判断した結果は、必ずTrue（正しい）かFalse（正しくない）のどちらかになります。このような値をブール値（bool型）と言います。

　次の命令を実行してみましょう。最初に変数appleに100を代入しているので、「apple==100」の結果は正しいですね。この場合はif文のブロック*16を実行して、画面には「OK」が表示されます。else文は実行されません。

```
In [1] :     apple = 100        # apple に 100 を代入
             if apple == 100:   # もしも apple の値が 100 と等しければ、
                 print('OK')    # 「OK」を出力する
             else:              # そうでなければ、
                 print('NG')    # 「NG」を出力する

Out [1] :   OK
```

　新しいセルを追加して、今度は最初にappleに代入する値を50にして実行してみましょう。「apple==100」の結果は正しくないので、この場合はelse文だけが実行されます。

```
In [2] :     apple = 50         # apple に 50 を代入
             if apple == 100:   # もしも apple の値が 100 と等しければ、
                 print('OK')    # 「OK」を出力する
             else:              # そうでなければ、
                 print('NG')    # 「NG」を出力する

Out [2] :   NG
```

　else文は省略することも可能です。次の順番で命令を実行してみましょう。最初に変数appleに50を代入しているので、「apple==100」の結果は正しくありません。そのためif文の処理は行われずに、最後のappleの値を確認する命令だけが実行されます。

```
In [3] :     apple = 50         # apple に 50 を代入
```

```
        if apple == 100: # もしも apple の値が 100 と等しければ、
            print('OK')  # 「OK」を出力する
        apple            # apple を確認
```

    Out [3] :   50

6.6 繰り返し構造

　同じ処理を何度か繰り返して実行するときは、for文を利用します。行末にコロン（:）を入力し、2行目からは繰り返して実行する処理を字下げ（インデント）して記述してください。

```
for カウンタ in range( 繰り返す回数 ):
    繰り返して実行する処理
        ⋮
```

　カウンタは繰り返した回数を数える変数です。特に決まりがあるわけではありませんが、カウンタの名前はiにするのが慣例になっています。
　range()は0、1、2……という連続する数値を返す関数です。次の命令を実行すると、画面に0、1、2、3、4という値が順に表示されます[17]。

```
In [1] :     for i in range(5):     # 5回繰り返す
                 print(i)           # i の値を出力


             0
             1
             2
             3
             4
```

＊ 17　print() を使って画面に値を出力するとき、出力時に Out [　] は表示されません。

　繰り返しの回数を決めるrange()に引数を2つ指定すると、指定した区間の連

55

続する数値を作ることができます。次の命令を実行するとカウンタの値が11から14までの繰り返しになり、画面には11、12、13、14が表示されます。

```
In [2] :     for i in range(11, 15):   # i の値が 11 から 14 の間繰り返す
                 print(i)               # i の値を出力
             11
             12
             13
             14
```

「11から15までの繰り返しじゃないの？」と思うかもしれませんが、区間の終了値はrange()が作る連続する数値に含まれないので注意してください。カウンタの値が11から15までの間繰り返すときは、次のように引数を指定するのが正解です。

```
In [3] :     for i in range(11, 16):   # i の値が 11 から 15 の間繰り返す
                 print(i)               # i の値を出力

             11
             12
             13
             14
             15
```

6.7 関数

　価格を与えたら、消費税を含めた税込金額を計算する――。入力に対して何らかの処理を行って、結果を返すしくみを「関数」と言います。Pythonではdefを使って独自の関数を定義することができます。次のように行末にコロン（:）を入力し、関数の中で行う処理を字下げ（インデント）して入力してください。

```
def 関数名 ( 引数 1, 引数 2, 引数 3 ……):
    関数で実行する処理
        ⋮
    return 戻り値
```

関数の名前は自由に付けることができます。処理の内容がわかる名前を工夫して付けてください。ただし、Pythonの命令と同じ名前を付けることはできません。

関数名の後ろの丸カッコ（( )）は、関数が受け取る値です。これを「引数」と言います。引数を使わない場合でも必ず () だけは記述してください。

関数の中で実行する処理は、2行目以降に字下げして記述してください。最後にreturn文を書いて、この行で関数の定義が終わることを示します。

関数の中で処理した結果を呼び出し元に返すときは、returnに続けて記述してください。これを「戻り値」と言います[18]。

さっそく税込金額を計算する関数「tax_include」を定義してみましょう。もとの価格は引数priceで受け取ることにします。2行目が税込金額の計算です。この例では税率を10%としました。3行目は計算結果を整数に変換して呼び出し元に返す命令です。

```
In [1] :    def tax_include(price):
                tax_in = price + (price * 0.1)
                return int(tax_in)
```

入力した内容に間違いがなければ、このセルを実行したあとは、同じNotebook内でtax_include()関数が使えるようになります。定義した関数を利用するときは

```
変数名 = 関数名 ( 引数 1, 引数 2, 引数 3 ……)
```

のように、関数の戻り値を変数に代入する形で呼び出してください[19]。

```
In [2] :      sell_price = tax_include(1000)
              sell_price

Out [2] :     1100
```

　関数が複数の引数を扱うときは、並べる順番に注意しましょう。次の
tax_include2()は、税率と価格を受け取って税込金額を計算する関数です。
この関数は、引数として「税率」、「価格」の順で値を受け取るように定義し
ています。そのためtax_include2()を実行するときは、この順に従って引数
を入力してください。順番を間違えると正しい結果は得られません。試し
に、順番を変えた処理も作って実行してみましょう。

```
In [3] :      def tax_include2(tax, price):    # tax: 税率、price: 価格
                  tax_in = price + (price * tax * 0.01)
                  return int(tax_in)

In [4] :      sell_price = tax_include2(8, 1000)        # 8%、1000 円
              sell_price

Out [4] :     1080

In [5] :      sell_price = tax_include2(1000, 8)        # 1000%、8 円？
              sell_price

Out [5] :     88
```

58

6.8 モジュールのインポート

Pythonには標準で使える機能のほかに、「モジュール」や「パッケージ」という形でたくさんの機能が提供されています。この本でも第2章以降で次のモジュール[20]を利用しています（表1-4）。

表1-4　本書で使う主なモジュールと機能

モジュール名	主な機能
Random	乱数の生成
Math	数学関数
CSV	CSVファイルの入出力
Matplotlib.Pyplot	グラフ描画
Matplotlib.Font_Manager	フォント管理
NumPy	数値計算
SymPy	代数計算

[20] Randomモジュールと Mathモジュール、CSVモジュールは Pythonの標準ライブラリ、それ以外は外部ライブラリです。Anacondaディストリビューションを利用すると、標準ライブラリのほかに、上記のような数多くの外部ライブラリがインストールされます。

各モジュールには便利な関数がたくさん定義されています。これらの関数を利用するには、その前にインポートという作業が必要です。そのための命令が

```
import モジュール名
```

です。たとえば、

```
import random
```

を実行すると、Randomモジュールに定義されているrandom()やrandint()など、乱数を生成するための関数が利用できるようになります。プログラムの中でインポートしたモジュールの関数を利用するには、モジュール名と関数名をドット（.）でつないで

```
モジュール名.関数名( 引数1, 引数2, 引数3 ……)
```

という書式で呼び出してください。以下のコードは、Randomモジュールに収録されている乱数を発生させる関数を使った例です。

```
In [1] :     import random    # Random モジュールのインポート
             random.random()  # Random モジュールの random() を実行

Out [1] :    0.6395203737221042

In [2] :     random.randint(1, 6)      # Random モジュールの randint() を実行

Out [2] :    4
```

インポートの記述について、もう少しくわしく見ておきましょう。モジュールをインポートするときに

import モジュール名 as 別名

という書式で実行すると、モジュール名の代わりにasの後ろに書いた別名を使って関数を呼び出すことができます。次の例はMatplotlib.Pyplotモジュールに「plt」という名前を付けてインポートしている様子です。

```
In [3] :     import matplotlib.pyplot as plt    # 「plt」という名前を付けて
                                                          インポート
             x = [1, 2, 3, 4, 5]
             y = [4, 2, 5, 1, 3]
             plt.plot(x, y)    # Matplotlib.Pyplot モジュールの plot() を実行
             plt.show()        # Matplotlib.Pyplot モジュールの show() を実行
```

なお、第2章以降でモジュールを利用するときは、基本的に初出のプログラムにのみimport文を明記します。以降のプログラムや説明は、すでにモジュールがインポートされていることを前提にしています。同一のNotebook内であれば、一度インポートを実行すると、以降のセルではそのモジュールはインポート済みとしてプログラムを実行できます。

コラム モジュール、パッケージ、ライブラリ

　Pythonで書かれたプログラムで、拡張子が.pyのファイルを「モジュール」と言います。Pythonでは表1-4で紹介したほかにもたくさんのモジュールが公開されており、必要に応じて利用できるようになっています。また、具体的な方法は紹介しませんが、自分で作ったプログラムをモジュールにしておくこともできます。そうすると別のプログラムを新しく作ったときでも、そのモジュールをインポートして同じ機能を再利用できるようになります。

　「パッケージ」は関連するモジュールをまとめたものです。ここでは「Matplotlib.Pyplotモジュール」のように紹介しましたが、データを視覚化するためのモジュールをまとめたMatplotlibパッケージと、それに含まれるグラフ描画用のPyplotモジュール、というのが正しい表現です。

　なお、プログラミングの世界では他のプログラムから呼び出して使うプログラムのことを指して「ライブラリ」と言うのが一般的です。Pythonの場合は、モジュールとパッケージをまとめてライブラリと呼ぶことが多いようです。

第2章
直線を表すグラフ

「定規を使って、この紙に直線を引いてください」と言われたら、どんな直線を引きますか？　横にまっすぐ？　縦にまっすぐ？　それとも斜め？　直線を引くのは簡単ですね。では、いま引いた直線を他の人に正確に伝えてください。──うまく伝えられますか？

　このときに役に立つのが数学です。数式を使えば、この直線を正確に伝えることができるだけでなく、誰でも同じ直線を再現することができるのです。ここからは直線がどのような数式で表されるのか、それをPythonのプログラムで確かめていきましょう。

1 直線とグラフ

　たとえば、図2-1の直線を定規で引いたとします。あなたならこの直線をどう説明しますか？　「右上がりの直線」では説明不足です。なぜなら「右上がり」と言っても、傾き具合の受け取り方は人によっていろいろだからです。

図2-1　適当に引いた直線

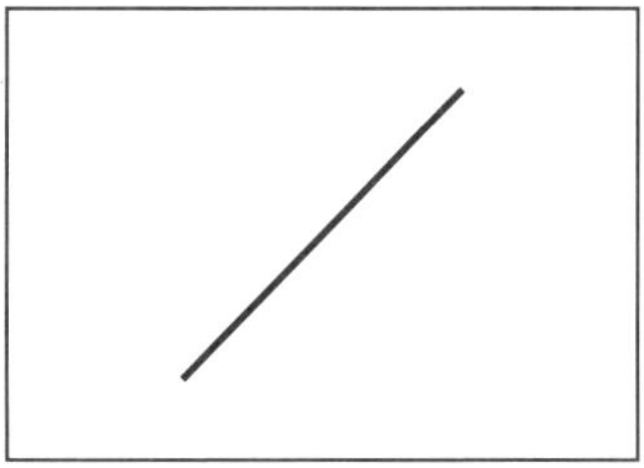

　この直線を正しく伝えるために、「直交座標系」を用意しましょう。こういうと難しそうですが、言ってみればグラフのように扱うことで、正確に直線を表そうということです。

　直交座標系とは横の軸をx、縦の軸をyとして、両方の座標軸が垂直に交わる座標系です。x軸は左から右、y軸は下から上が正方向、つまり値が大きくなっていく方向です。この座標系を使うと、平面上の点は (x, y) で表すことができます。たとえば、図2-2の点Aは(2, 3)、点Bは(-3, -4)です。

図2-2 直交座標系

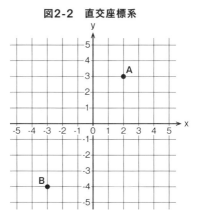

さて、図2-1で引いた直線を座標系に重ねてみると……直線上の座標がいくつか読み取れるようになりました（図2-3）。

図2-3 さっきの直線を座標系に重ねると……

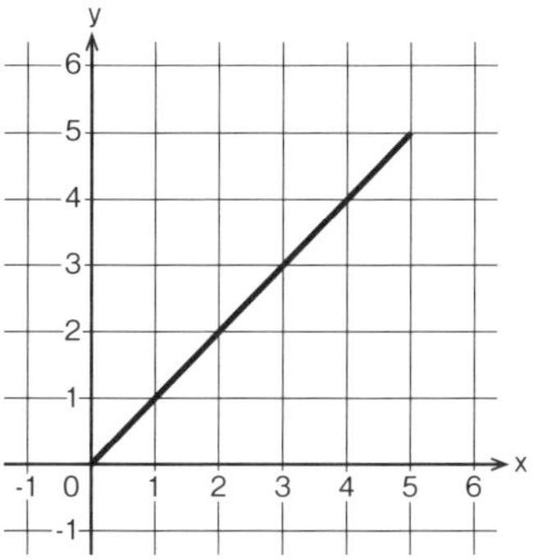

読み取れた点を書き出したものが表2-1です。x座標とy座標が同じ値ですね。ということは、この直線は $y = x$ という式で表すことができそうです。

表2-1 図2-3の直線上の点

x座標	0	1	2	3	4	5
y座標	0	1	2	3	4	5

❷ Matplotlibでグラフを描く

「私が描いたのは$y = x$の直線です」と説明したら、目を白黒させる人がいるかもしれませんが、一方で数学の得意な人ならあなたが描いた直線を見なくても、このひと言で同じ直線を思い浮かべることができます。数式で表されているのですから、コンピュータでも再現できるはずです。やってみましょう。

プログラム2-1は$y = x$で表されるグラフを、xの値が0から5の範囲で描くプログラムです。新しいNotebookを開いて、最初のセルにこのプログラムを入力してみてください。「#」以降のテキストは第1章で説明したコメントです。プログラムの動作には関係ないので、必ずしも入力する必要はありません。

プログラム2-1　$y = x$のグラフ

```
1.  %matplotlib inline
2.  import matplotlib.pyplot as plt
3.
4.  x = [0, 1, 2, 3, 4, 5]          # x 座標
5.  y = x                           # y 座標
6.
7.  plt.plot(x, y)                  # 直線を描画
8.  plt.show()                      # 表示
```

では、プログラムを上から順に見ていきましょう。1行目はPythonの命令ではなく、セルの直下にグラフを表示するためのJupyter Notebookの命令です。このため、実質2行目からがPythonのプログラムです。

その2行目を見てください。グラフの描画にはMatplotlibパッケージ内のPyplotモジュールを使うので、最初に

```
import matplotlib.pyplot as plt
```

を実行して、Matplotlib.Pyplotモジュールにpltという名前を付けて読み込

んでおきましょう。点や直線を描画する命令を利用するときに、「matplotlib.pyplot」と書く代わりに「plt」だけで呼び出せるようになります。

4行目でリスト型の変数xに0から5までの値を代入しておいて、5行目に直線を表す式と同じ$y = x$を記述しています。プログラムの中でイコール（=）は代入という意味なので、これで変数yにはxと同じ値が代入されます。7行目の

```
plt.plot(x, y)
```

は、与えられた座標を線でつなぐ命令です。xとyにはそれぞれ[0, 1, 2, 3, 4, 5]という値が代入されているので、この命令で(0, 0)と(1, 1)、(1, 1)と(2, 2)、(2, 2)と(3, 3)、(3, 3)と(4, 4)、(4, 4)と(5, 5)の間を結ぶ線を引くことができます。最後のshow()は描画した内容を画面に表示する命令です。

このプログラムを実行すると、図2-4のグラフが表示されます。確かに右上がりの直線になりました。でも、図2-3の直線よりも傾きが緩やかです。表2-1と同じ座標を使ったのに同じ直線にならないなんて、納得できませんね。

図2-4　プログラム2-1の実行結果

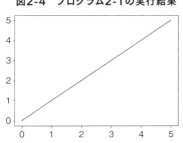

グラフを描画した領域を「プロット」と言いますが、この大きさはプログラムの中で特に指定しない限り、図2-4のような横長になります。また、プロットの中にグラフ全体が収まるように、縦と横の目盛りも自動的に調整されます。図2-4をよく見ると、横の目盛りのほうが縦の目盛りよりほんの少し大きくなっていますね。その結果、直線の傾きが緩やかになったのです。……と、その理由がわかっても、同じにならないのは気になります。

新しいセルを追加して、プログラム2-2を入力してください。

プログラム2-2　縦と横の目盛りを揃えて描画する

```
1. x = [0, 1, 2, 3, 4, 5]              # x 座標
2. y = x                               # y = x
3.
4. plt.plot(x, y)
5. plt.axis('equal')                   # 縦横の目盛りの大きさを揃える
6. plt.grid(color='0.8')               # グリッドを描画する（薄グレー）
7. plt.show()
```

これは、縦と横の目盛りを揃えてグラフを描画するプログラムです。座標を確認しやすいように、薄いグレーでグリッド（目盛りの補助線）も描画するようにしました。それが5行目と6行目です。これ以外はプログラム2-1と同じです。このプログラムを実行すると図2-5のようになります。これなら図2-3と同じ直線だと納得できますね。なお、axis()とgrid()は、これから表示するプロットの体裁を整える命令です。必ずshow()の前に実行してください。

図2-5　プログラム2-2の実行結果

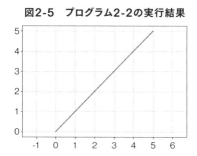

3 比例の式

　$y = x$という式で直線を表せることがわかりました。ここから先はこの数式を変えることで直線がどう変わるのか、見ていきましょう。

　ここに1リットル（L）のペットボトルがあるとします。これに水を入れると重さは1kgです[*1]。すると、水の入ったペットボトルの本数と重さ（それぞれx, yとします）の関係は表2-2のようになります。

表2-2　1Lのペットボトルの本数と重さの関係

ペットボトルの本数（本）x	0	1	2	3	4	5
重さ（kg）y	0	1	2	3	4	5

　ここでペットボトルの本数をx、重さをyとすると、図2-3のグラフから読み取った座標（表2-1）と同じ数が並びましたね。同じように2Lのペットボトルの本数と重さの関係を示したものが表2-3です。

表2-3　2Lのペットボトルの本数と重さの関係

ペットボトルの本数（本）x	0	1	2	3	4	5
重さ（kg）y	0	2	4	6	8	10

　xの値が2倍になるとyの値も2倍、xが3倍になるとyも3倍になっています（図2-6）。xが2倍だとyも2倍、3倍のときも同様という点は、表2-2も変わりません。

図2-6　xとyの関係

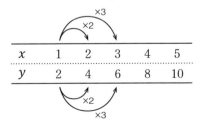

＊1　ペットボトル自体の重さは考えないことにします。

このようにxとyが同じ割合で変化することを「yはxに比例する」と言い、

$$y = ax \ (a \neq 0) \text{——式}❶$$

という式で表します。aは「比例定数」で、この値は式❶を変形することで求められます$\left(a = \dfrac{y}{x}\right)$ *2。

　さて、表2-2の場合、比例定数は1です。前節では「グラフから読み取れるxとyの値が等しいから、図2-3の直線は$y = x$で表される」と説明しましたが、本当は「yとxは比例関係にあり、その比例定数は1である」というほうが、数学的により望ましい説明ということができます。

* 2　ただし、比例定数が求められるのは$x \neq 0$のときです。

4 関数とグラフ

　ここでもう一度、先ほどの比例の式を見てください。

$$y = ax \ (a \neq 0)$$

この式ではxの値が1つに決まればyの値も1つに決まることから、「yはxの関数である」とも言えます。前節のプログラム2-1とプログラム2-2では座標を直接与えてグラフを描画しましたが、同じ処理を関数を使ったプログラムに書き換えてみようと思います。次のプログラム2-3の最初の2行が関数の定義です。

プログラム2-3　関数を使った$y = x$のグラフ

```
1. def func_1(x):
2.     return x                    # y = x
3.
4. x = []
5. y = []
6. for i in range(0, 6):           # i が 0〜5 の間
7.     x.append(i)                 # x に i を追加
```

```
8.        y.append(func_1(i))              # func_1() の結果を y に追加
9.
10. plt.plot(x, y)
11. plt.axis('equal')
12. plt.grid(color='0.8')
13. plt.show()
```

1行目はfunc_1という名前の関数を作る命令です。2行目のreturn文で、受け取った引数xをそのまま呼び出し元に返しています。これで$y = x$と同じ処理をする関数が定義できました。

4〜8行目はxとyに値を代入する処理です。4〜5行目であらかじめ空のリストを用意した後、6行目の

```
for i in range(0, 6):
```

はiの値が$0 \leqq i < 6$の範囲、つまり0〜5の間の繰り返すという意味です。第1章でも説明した通り、繰り返し区間の終了値はrange()が作る連続する値に含まれないので注意してください。

7〜8行目のappend()は、リストに値を追加する命令です。つまり、この繰り返し処理を完了すると、リストxには[0, 1, 2, 3, 4, 5]が、リストyにはfunc_1()を実行した結果、同じように[0, 1, 2, 3, 4, 5]が代入されます。

10行目からはグラフを描画する命令です。プログラム2-3を実行すると、プログラム2-2の実行結果（図2-5）と同じグラフが表示されます（図2-7）。

図2-7　プログラム2-3の実行結果

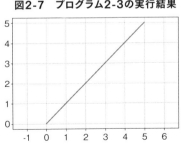

少し複雑なプログラムに見えるかもしれませんが、プログラム2-3の便利なところはグラフの範囲を簡単に指定できるところです。たとえば、$y = x$のグラフをxの値が-10 〜 10の範囲で描画するときは

```
for i in range(-10, 11):
```

のようにrange()で区間を示す引数の部分を指定し直すだけです。これでxの範囲を変えたグラフを作成できます（図2-8）。

図2-8　プログラム2-3を使って$-10 \leqq x < 11$の範囲で描画したグラフ

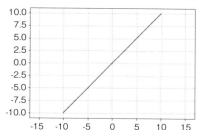

　プログラム2-1やプログラム2-2のようにxに代入した座標をすべて書き換えるよりも手軽ですね。本当はもっと効率よくプログラムを書く方法があるのですが、それについてはこの章の最後に紹介します。

　もう1つ、関数にすると$y = ax$のaの値を変えるのも簡単になります。たとえば、2Lのペットボトルの本数（x）と重さ（y）の関係は$y = 2x$という式で表すことができる[*3]ので、

```
def func_2(x):
    return 2 * x
```

と関数を定義すればxに対するyの値が求められます。プログラム2-4はこの関数を使ってグラフを描画するプログラム、図2-9はその結果です。$y = x$のグラフとの違いはどこだと思いますか？

プログラム2-4　$y = 2x$のグラフ

```
1.  def func_2(x):
2.      return 2 * x           # y = 2x
3.
4.  x = []
5.  y = []
6.  for i in range(0, 6):      # i が 0 ～ 5 の間
7.      x.append(i)            # x に i を追加
8.      y.append(func_2(i))    # func_2() の結果を y に追加
9.
10. plt.plot(x, y)
11. plt.axis('equal')
12. plt.grid(color='0.8')
13. plt.show()
```

図2-9　プログラムの2-4実行結果

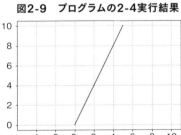

＊3　比例定数は$\frac{y}{x}$で求められるので、$\frac{2}{1} = 2$です。

⑤ 直線の傾きを決めるもの

　ここまでで $y=ax$ の式を使うと直線が引ける（グラフが描ける）ことが
わかりました。図2-10のグラフを見てください。

図2-10　$y=x$、$y=2x$のグラフ

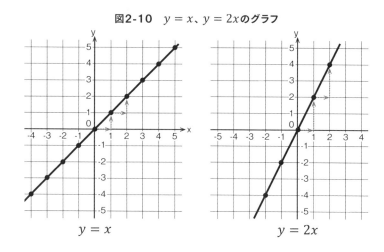

　左は $y=x$、右は $y=2x$ のグラフです。どうやら $y=ax$ の a の値が変わ
ると、傾きが変わるようです。

　図2-10を見ると、直線の傾きが表しているのは「x が1増えるときに y が
どれだけ増えるかを表す値」と言えそうです。そして、この値はグラフか
ら読み取れますね。これを「変化の割合」と言うことにします。$y=x$ は x が
1増えると y も1増えるので変化の割合は1、$y=2x$ のときは2増えるので、
変化の割合は2です。この変化の割合が直線の傾きになるのです。

　なお、直線の傾きはつねに一定ですから、変化の割合はどこを調べても
同じです。図2-11のグラフのように x が1増えたときに y がどれくらい増
えるか読み取りにくい場合は、x の増分を変えてわかりやすいところを使
いましょう。

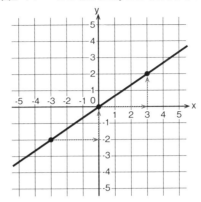

図2-11　*x*が3増えると、*y*は2増えるグラフ

その場合、変化の割合は

$$変化の割合 = \frac{y の増加分}{x の増加分} \qquad 式❷$$

で求められるので、これに当てはめると図2-11の変化の割合は$\frac{2}{3}$、つまりこの直線を表す式は$y = \frac{2}{3}x$です。

プログラム2-5は、$y = \frac{2}{3}x$のグラフを描画するプログラムです。*a*の値が分数の場合でも、関数の作り方は同じです。return文に式をそのまま書きましょう。プログラム2-5を実行すると、図2-11と同じ傾きのグラフが描画できます（図2-12）。

プログラム2-5　$y = \frac{2}{3}x$のグラフを作成

```
1.  def func_3(x):
2.      return 2 / 3 * x          # y = 2/3 x
3.
4.  x = []
5.  y = []
6.  for i in range(-5, 6):        # i が -5 〜 5 の間
7.      x.append(i)               # x に i を追加
8.      y.append(func_3(i))       # func_3() の結果を y に追加
9.
10. plt.plot(x, y)
```

```
11. plt.axis('equal')
12. plt.grid(color='0.8')
13. plt.show()
```

図2-12　プログラム2-5の実行結果

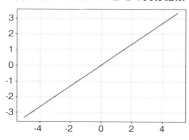

6 右下がりの直線

ここまでは右上がりの直線を見てきました。ここでは逆に右下がりの直線を見てみましょう。

図2-13は右下がりのグラフです。xの値が3増えるとyの値は2減っていることから、75ページで紹介した式❷に当てはめると変化の割合は$\frac{-2}{3}$、マイナス符号を分数の外に出して$-\frac{2}{3}$です。このように$y＝ax$で$a＜0$のとき、直線は右下がりになります。

図2-13　xが3増えると、yは2減るグラフ

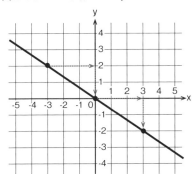

プログラム2-6は$y＝-\frac{2}{3}x$のグラフを作成するプログラムです。aの値をいろいろ変えて、負の数のときは本当に右下がりの直線になるか確認してみましょう（図2-14）。

プログラム2-6　$-\frac{2}{3}x$のグラフ

```
1. def func_4(x):
2.     return -2 / 3 * x          # y = -2/3 x
3.
4. x = □
5. y = □
6. for i in range(-5, 6):         # i が -5 〜 5 の間
```

```
 7.     x.append(i)                    # x に i を追加
 8.     y.append(func_4(i))            # func_4() の結果を y に追加
 9.
10. plt.plot(x, y)
11. plt.axis('equal')
12. plt.grid(color='0.8')
13. plt.show()
```

図2-14　プログラム2-6の実行結果

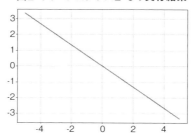

7 座標軸に平行な直線

ここまででわかったことは、

①$y＝ax$を使って直線（グラフ）が描ける

②上記の式でaは直線の傾きを表す

③上記の式で$a > 0$のときは右上がりの直線になる

④上記の式で$a < 0$のときは右下がりの直線になる

という4点です。ここまでくると$a = 0$ [*4]のときにどうなるか、気になりますね。プログラム2-7を実行して確認しましょう（図2-15）。

プログラム2-7　$y＝ax$で$a = 0$のグラフ

```
1. def func_5(x):
2.     return 0 * x                   # y = 0 × x
```

```
 3.
 4.  x = []
 5.  y = []
 6.  for i in range(-5, 6):          # i が -5 〜 5 の間
 7.      x.append(i)                 # x に i を追加
 8.      y.append(func_5(i))         # func_5() の結果を y に追加
 9.
10.  plt.plot(x, y)
11.  plt.axis('equal')
12.  plt.grid(color='0.8')
13.  plt.show()
```

図2-15　プログラム2-7の実行結果

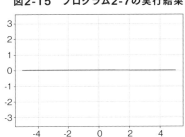

＊4　「あれ？ $y＝ax$（$a \neq 0$）じゃなかったの？」と思うかもしれませんが、これは比例関
　　係を表すときの話です。xの値がどんなときもyの値が0では比例関係が成り立たない
　　ので、ただし書きの「$a \neq 0$」が必要だったのです。

　$y＝ax$で$a = 0$のときは、xがどんな値でもyの値は0にしかなりません。つま
り、図2-15のようにx軸に重なる直線になり、これを式で表すと$y = 0$です。で
は、$y = 3$はどんな直線になると思いますか？　xがどんな値でもyの値は常に
3ですから、これはy軸の3を通ってx軸と平行な直線になります（図2-16）。

図2-16　$y = 3$の直線

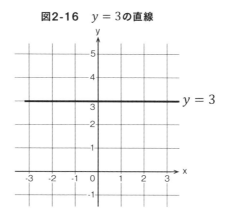

$y = 3$

　同じように考えるとy軸に重なる直線はどうなるでしょう。この場合、yの値がどんなときもxの値は常に0ですから$x = 0$です。同様に、x軸の3を通ってy軸に平行な直線は$x = 3$です（図2-17）。

図2-17　$x = 0$と$x = 3$の直線

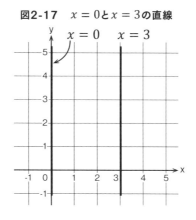

$x = 0$　　$x = 3$

　ただし、y軸に平行な直線の式は関数ではありません。xの値を増やすことも、yの値を1つに決めることもできないからです。プログラム2-8は、$x = 3$のグラフをyの値が-5〜5の範囲について描画するプログラムです（図2-18）。始点と終点の2つの座標があれば直線は描画できるので、リスト型の変数xとyにはそれぞれの座標を代入してください。xの値はつねに3、yの値は区間の開始と終了です。

プログラム2-8　*x* = 3のグラフ

```
1. x = [3, 3]                      # x = 3
2. y = [-5, 5]                     # 始点、終点
3.
4. plt.plot(x, y)
5. plt.axis('equal')
6. plt.grid(color='0.8')
7. plt.show()
```

図2-18　プログラム2-8の実行結果

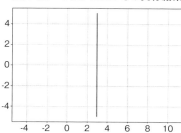

⑧ 直線の位置を決めるもの

図2-19の点線は$y = 0$の直線です。この直線をy軸の3を通るように平行移動すると、直線の式は$y = 3$になります。

図2-19　$y = 0$と$y = 3$のグラフ

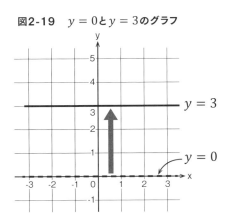

8.1 切片で直線を平行移動

傾きのある直線も同じように考えることができます。図2-20の点線は$y = 2x$の直線です。この直線をy軸の3を通るように平行移動すると実線の位置になり、直線の式は$y = 2x + 3$になります。「なんだかだまされた気がするぞ？」という人は図2-20から読み取れる座標を書き出してみましょう（表2-4）。実線上にあるyの値は、同じxの位置にある点線上のyよりも、どれも3ずつ大きな値になっていますね。

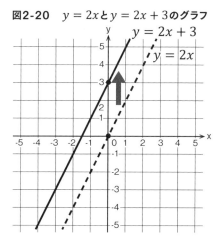

図2-20　$y = 2x$と$y = 2x + 3$のグラフ

表2-4　図2-20から読み取れる座標

x	-4	-3	-2	-1	0	1	2
点線上のy			-4	-2	0	2	4
実線上のy	-5	-3	-1	1	3	5	

　図2-20のグラフをプログラムで描いてみましょう。プログラム2-9は、$y = 2x$と$y = 2x + 3$のグラフを同じプロットに描画するプログラムです。

プログラム2-9　$y = 2x$と$y = 2x + 3$のグラフを描画するプログラム

```
1.  def func_6a(x):
2.      return 2 * x                    # y = 2x
3.
4.  def func_6b(x):
5.      return 2 * x + 3                # y = 2x + 3
6.
7.  x = []
8.  y1 = []
9.  y2 = []
10. for i in range(-3, 4):              # i が -3 ～ 3 の間
```

```
11.     x.append(i)                    # x に i を追加
12.     y1.append(func_6a(i))          # func_6a() の結果を y1 に追加
13.     y2.append(func_6b(i))          # func_6b() の結果を y2 に追加
14.
15. plt.plot(x, y1)                    # y = 2xのグラフを描画
16. plt.plot(x, y2)                    # y = 2x + 3のグラフを描画
17. plt.grid(color='0.8')
18. plt.show()
```

実行結果（図2-21）を見ると図2-20と傾きが違いますが、これは

```
plt.axis('equal')
```

を省略したからです。グラフの目盛りで変化の割合を調べると、傾きはどちらも2で間違いありませんね[5]。

図2-21　プログラム2-9の実行結果

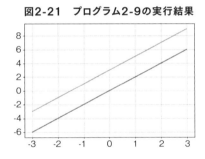

---

*5　1つのプロットに複数のグラフを描画したとき、グラフの色は Matplotlib が自動的に変更します。

84

⑨ 直線を表す式

　直線がy軸と交わる点を「切片」と言います（図2-22）。ここで直線の傾きをa、切片をbとすると平面上の直線はすべて

　　　$y = ax + b$ ——式❸

で表すことができます。なお、切片は$x = 0$のときのyの値ですから、原点からの距離と同じことです。つまり、式❸は「$y＝ax$の直線をy軸の方向にbだけ平行移動する」という意味です。$b < 0$のときは原点よりも下に移動します。

図2-22　$y = 2x + 3$のグラフ

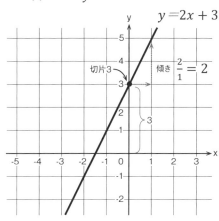

　では、図2-23の実線はどうでしょう？　点線をx軸方向に平行移動したもののように見えますが、これも実はy軸方向への平行移動です。その証拠に図2-23の実線をどんどん伸ばしていくと、やがてy軸と交差しますね。

図2-23　横方向に平行移動したように見える直線

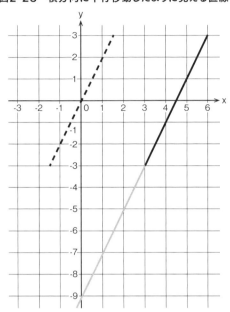

　図2-23の点線は傾きが2で切片が0ですから、前ページの式❸で表すと$y = 2x$になります。実線のほうは傾きが2で切片が-9ですから、同様に$y = 2x - 9$と表せます。

　プログラム2-10はこれらの式を使ってグラフを描画するプログラムです。xの範囲を工夫すると、図2-24のように横方向に平行移動したような直線を描画できます。

プログラム2-10　$y = 2x$と$y = 2x + 9$のグラフを描画するプログラム

```
1. import numpy as np
2.
3. # 点線
4. def func_7a(x):
5.     return 2 * x                    # y = 2x
6.
7. # 実線
```

```
 8.  def func_7b(x):
 9.      return 2 * x - 9                    # y = 2x - 9
10.
11.  # 1本目の直線
12.  x1 = np.arange(-1.5, 2)                 # x1 の範囲（-1.5 〜 1.5）
13.  y1 = func_7a(x1)                        # func_7a() を実行
14.  plt.plot(x1, y1)                        # y = 2xのグラフを描画
15.
16.  # 2本目の直線
17.  x2 = np.arange(3, 7)                    # x2 の範囲（3 〜 6）
18.  y2 = func_7b(x2)                        # func_7b() を実行
19.  plt.plot(x2, y2)                        # y = 2x - 9のグラフを描画
20.
21.  # 表示
22.  plt.grid(color='0.8')
23.  plt.show()
```

図2-24　プログラム2-10の実行結果

9.1 NumPyを使ってプログラムをすっきりと

さて、プログラム2-10のプログラムですが、これまでよりもすっきりしたと思いませんか？　これまではPythonのリスト型の変数に複数のxとyの値を入れていましたが、プログラム2-10ではNumPyモジュールの配列を使いました。これを使うと、とても効率よく数値演算を行うことができます。Pythonを選んだ理由のひとつがここに現れています。

では、プログラムをくわしく見ていきましょう。

1行目はNumPyモジュールのインポートです。このようにNumPyは「np」という名前で読み込むのが慣例になっています。3〜9行目はこれまでのプログラム同様、直線の式を関数で定義したものです。

12行目を見てください。これは、NumPyの配列に値を代入する命令です。NumPyモジュールのarange()は、range()と同じように指定した区間の連続する数値を作る命令です。たとえば、

```
x1 = np.arange(-1.5, 2)
```

のように引数を設定すると、配列x1には-1.5から2まで、1刻みで連続する値、つまり [-1.5, -0.5, 0.5, 1.5]*6 が代入されます。これをx座標として対応するy座標を計算しているのが13行目の

```
y1 = func_7a(x1)
```

です。この1行で配列x1のすべての要素に対してfunc_7a()を実行し、その戻り値である [-3, -1, 1, 3] を配列y1に代入します。14行目は得られた座標を使ってグラフを描画する命令です。

同じように、17〜19行目は2本目のグラフを描く命令です。これまでPythonのリスト型の変数を使って

```
x2 = []
y2 = []
for i in range(3, 7):
    x2.append(i)
    y2.append(func_7b(i))
```

といったように書いていた部分が、NumPyの配列を使うと

```
x2 = np.arange(3, 7)
y2 = func_7b(x2)
```

とたった2行で済んでしまいました。forループを使うよりもプログラムが簡単になって、何をしているのかがわかりやすくなりましたね。

＊6　range() と同様に、区間の終了値は arange() が作成する連続する値に含まれません。

コラム　横方向への平行移動

　プログラム2-10で描画したグラフは2本目の直線について、傾きや切片、直線を描画する範囲(xの範囲)を、1本目同様にすべて図2-23から読み取ったものを使いましたが、これらの値は計算で求めることができます。そこもプログラムにしてみましょう。

　たとえば、$y = 2x$ の直線 (図2-25の点線) をx軸方向に4.5平行移動した直線を2本目とします。そのときは、「移動先の直線から見ると、点線はx軸方向に-4.5平行移動したところにある」のように考えます。式で表すと $y = 2(x - 4.5)$、これが図2-25の実線を表す式[＊7]になります。

図2-25　実線を基準に見ると、点線はx軸方向に-4.5平行移動した直線

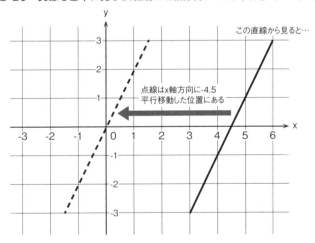

＊7　式を整理すると $y = 2x - 9$ となり、グラフから読み取った式と同じになりますね。

　また、この直線を描画する範囲は、点線のx座標をx軸方向に4.5平行移動した位置になるので、

89

```
x2 = x1 + 4.5
```

と表せます。これで配列x1の各要素に4.5を足した値が配列x2に代入されます。プログラム2-11を実行して、図2-24と同じ結果になるか確認してみましょう。

プログラム2-11　横方向に並んだ2つの直線

```
1.  # 点線
2.  def func_8a(x):
3.      return 2 * x           # y = 2x
4.
5.  # 実線
6.  def func_8b(x):
7.      return 2 * (x-4.5)     # y = 2x を x軸方向に 4.5 平行移動
8.
9.  # 1本目の直線
10. x1 = np.arange(-1.5, 2)    # x の範囲 (-1.5 〜 1.5)
11. y1 = func_8a(x1)           # func_8a() を実行
12. plt.plot(x1, y1)           # y = 2xのグラフを描画
13.
14. # 2本目の直線
15. x2 = x1 + 4.5              # x2 の範囲 (x1 の座標＋ 4.5)
16. y2 = func_8b(x2)           # func_8b() を実行
17. plt.plot(x2, y2)           # y = 2(x − 4.5)のグラフを描画
18.
19.                           # 表示
20. plt.grid(color='0.8')
21. plt.show()
```

第3章
直線の式の求め方

パソコンやスマートフォンのアプリを使って直線を引く場面を想像してください。描きたい位置に指を置いて（パソコンだったらマウスの左ボタンを押して）、そのまま終点まで動かして指を離す——こんな感じですね。この直線も数式で表すことができるでしょうか？　答えはもちろん「Yes」です。ただ、そのためにはちょっとだけ計算が必要です。

■1 方程式を解く

　方程式とは、$3 + x = 10$のように文字を含んだ等式です。この等式が成立するようなxの値を求めることを「方程式を解く」と言い、求めたxの値を「方程式の解」と言うのですが、実はグラフを描くだけで方程式の解が求められるのです。直線を様々な面から理解するために、ここではグラフから方程式を解く方法について見てみましょう。

1.1 関数と方程式

　図3-1は、関数$y = 2x + 1$のグラフです。xの値が決まれば、yの値は表3-1に示すように1つに決まりますね。未知数を左辺に移項して式を整理すると

$$2x - y = -1$$

という方程式になります。この方程式の解の集まりが、図3-1（表3-1）だということに気付いたでしょうか？

図3-1 $y = 2x + 1$のグラフ

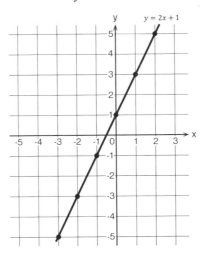

表3-1 $y = 2x + 1$上の座標

x	-3	-2	-1	0	1	2
y	-5	-3	-1	1	3	5

　式に含まれる文字に、ある特定の値を入れたときだけ等式が成立するのが方程式です。$y = 2x + 1$も、xとyの値が表3-1の組み合わせのときだけ等式が成立することから、$y = 2x + 1$を「直線の方程式」のように呼ぶこともあります。

コラム **直線の方程式**

　直線の方程式には、次の2つの書き方[*1]があります。

　　$y = ax + b$　──式**❶**

　　$ax + by + c = 0 \, (a \neq 0 \text{または} b \neq 0)$　　──式**❷**

　本書では主に式**❶**を使いますが、式**❷**にも良いところがあります。それぞれどういう式なのか、簡単に紹介しましょう。

　まず、式**❶**の良い点は、傾きと切片がわかっているのでグラフが描きや

すいという点です。ただし、第2章「7 座標軸に平行な直線」で説明したように、$y = ax + b$では y 軸に平行な直線[*2]を表すことができません。

　一方、式❷の場合、式を見ただけではグラフの形が想像しにくいのですが、$a = 0$のときは x 軸に平行な直線[*3]、$b = 0$であれば y 軸に平行な直線[*4]となり、この式で平面上のすべての直線を表すことができます。

* 1　式❶のすべての項を左辺に移項して一般的な形にしたものが式❷です。
* 2　y 軸に平行な直線は、$x = 0$や$x = 3$で表されます。
* 3　$a = 0$で式❷を整理すると$y = -\dfrac{c}{b}$です。
* 4　$b = 0$で式❷を整理すると$x = -\dfrac{c}{a}$です。

1.2 方程式とグラフ

　次に、こんな問題を考えてみましょう。

　太郎くんの家から公園までは2100mです。この道のりを1分間に70mの速さで休みなく歩くとしましょう。歩きはじめからの経過時間（単位は分）を x とすると、公園までの残りの距離（単位はm）y は

$$y = 2100 - 70x$$

で求められますね。プログラム3-1は、この式を使ってグラフを描画するプログラム、図3-2は実行結果です。

プログラム3-1　$y = 2100 - 70x$のグラフ

```
1. %matplotlib inline
2. import matplotlib.pyplot as plt
3. import numpy as np
4.
5. def func(x):
6.     return 2100 - 70 * x    # y = 2100 - 70x
7.
8. x = np.arange(0, 60)        # x 座標
9. y = func(x)                 # y 座標
```

```
10. plt.plot(x, y)               # グラフを描画
11.
12. plt.grid(color= '0.8')
13. plt.show()
```

図3-2　プログラム3-1の実行結果

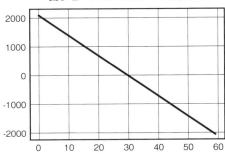

　図3-2で注目してほしいのは、直線がx軸（$y = 0$）と交わる点です。この
ときのx座標が何を表しているのかわかりますか？

　それを考えるために、少し視点を変えて次の方程式

　　$2100 - 70x = 0$

を解いてみましょう。これを解くには、左辺がxを含んだ項だけになるよう
に2100を右辺に移動します。[5]

　　$-70x = -2100$

　両辺ともにマイナスなので、これを外して

　　$70x = 2100$

　ここまで来れば、あとは

　　$x = 30$

と、簡単ですね。このくらいであれば、やり方を覚えている人も多いでしょう。

* 5　これを「移項」と言います。

　ここで解いた方程式は$y = 2100 - 70x$の、yを0にしたものです。図3-2
でいうと、直線がx軸と交わる点のx座標を求める式です。$y = 2100 - 70x$

は公園までの残りの距離を求める関数ですから、その答えが0になるのは公園に到着したときです。つまり、直線がx軸と交わる点のx座標は、歩き始めてから到着までにかかる時間ということになります[6]。

[6] 図3-2を見てもわかるように、xが30を超えるとyは負の値になります。この例でyは残りの距離を表しているので、それがマイナスというのはあり得ない値ですね。この方程式の場合にyがマイナスになるのを避けるには、$y = 2100 - 70x$（$0 \leqq x \leqq 30$）のようにxの範囲を示すのが正しい書き方です。

2 SymPyで計算する

$2100 - 70x = 0$のように簡単な方程式なら暗算でも解を求められますが、複雑な方程式は代数計算用のSymPyモジュールを使って解きましょう。方程式も扱える便利な計算機として手軽にPythonを使えるようになれば、数学の勉強もはかどります。

2.1 式を定義する

先ほどと同じ問題をもう一度考えてみましょう。太郎くんが2100m離れた公園に向かって1分間に70mの速さで休みなく歩くとき、スタートしてからの経過時間（単位は分）をxとすると、残りの距離（単位はm）yは

$$y = 2100 - 70x$$

で求められますね。たとえば10分間歩いたときの残りの距離は、xに10を代入して計算すると

$$y = 2100 - 70 \times 10$$

$$y = 1400$$

1400mとわかります。SymPyを使ったプログラムで、これと同じ計算をコンピュータにやらせてみましょう。プログラム3-2は、方程式$y = 2100 - 70x$を定義するプログラムです。

プログラム3-2　SymPyで方程式を定義する

```
1. import sympy as sp
2.
3. x = sp.Symbol('x')          # 記号を定義
4. y = 2100 - 70 * x           # y＝2100−70x
5. y                           # 式を表示
```

1行目はSymPyモジュールをインポートする命令です。モジュール内の命令を呼び出しやすいように「sp」という名前を付けました。3行目のSymbol()は、式の中で使う記号を定義する命令です。この例では歩き始めからの経過時間をxとして式を立てるので、

```
x = sp.Symbol('x')
```

のように命令を実行してください。以降、変数xは方程式で使われる「x」という記号として扱われます。なお、左辺のyは計算結果を入れるための変数なので、記号として定義する必要はありません。

4行目が計算式の定義です。文字式では掛け算の×を省略して「$70x$」のように書きますが、プログラムでは掛け算の記号は省略できません。注意しましょう。これで変数yには式の右辺が代入されます。5行目では変数yの内容を確認するために、変数名だけを記述しました。

このプログラムを実行すると、

$$2100 - 70x$$

のようにxを含んだ文字式が表示されます。Jupyter NotebookにはMathJaxという数学のための表示エンジンが組み込まれているので、SymPyで定義した数式は数学の教科書で見るような読みやすい形で表示されます。

コラム　文字式の書き方

あらためて説明するまでもないかもしれませんが、文字式とは

$$y = -70x + 2100$$

のように文字を含んだ式です。この式を一般化して

$$y = ax + b$$

のように表すこともあります。

ここで使われているxやy、zなどは未知数[*7]（値がわかっていない数）、その他のa、b、c、m、nなどの文字は未知数に掛ける係数や定数を表します。なお、文字式には表3-2に示すような書き方のルールがあるので覚えておきましょう。本書でも特別なことがない限り、このルールに従って表記しています。

表3-2　文字式の書き方

ルール	例
掛け算の「×」は省略する	$5 \times x \rightarrow 5x$
数と文字の掛け算は数を前に書く	$x \times 5 \rightarrow 5x$
文字の掛け算はアルファベット順に並べる	$b \times c \times a \rightarrow abc$
同じ文字の掛け算は指数を使う	$x \times x \rightarrow x^2$
文字に掛ける「1」は省略する	$-1 \times x \rightarrow -x$
割り算は分数で表す	$x \div 2 \rightarrow \dfrac{x}{2}$

＊7　値がいろいろ変わることから「変数」と言うこともあります。

2.2 値を代入する

今度は定義した式中の記号に値を代入してみましょう。プログラム3-2を実行したあとに新しいセルを追加して、次の命令を入力し、実行してみてください。

```
In [3] :     ans = y.subs(x, 10)
             ans

 Out [3] :   1400
```

1行目のy.subs(x, 10)は、「yが指す式中のxに10を代入する」という意味です。変数yが指す式とはプログラム3-2の4行目で定義した式ですから、その式のxに10を代入すると$2100 - 70 \times 10$となり、その計算結果が変数

ansに代入されるというしくみです。

　いかがですか？　式を定義してから答えが出るまで、プログラムにすると
ほんの数行です。「いやいや、暗算の方が早いでしょう」というのは早合
点ですよ。SymPyを使うと連立方程式の解も一瞬で求められます。それに
ついてはこの章の後半で紹介します。

||||||||||||||||||||||||||||||||||||||||||||||||||||||||||||||||||||||||||||||||||||||||||||||||||||||||||||||||||||||||||||||||||||||||||

Python Tips　変数の値を画面に表示する

　プログラム3-2の5行目やこのansのように、セルの最後に変数名を書い
て実行すると、その変数の値がセルの直下にOut[履歴番号]として表示さ
れます。ここで注意してほしいのは「セルの最後に」という部分です。試し
に1つのセルに書いて実行すると、図3-3のように変数ansの値しか表示さ
れません。

図3-3　変数yの値が表示されない

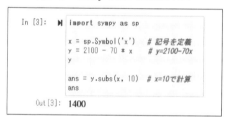

　セルの途中、別の言い方をすると、プログラムの途中で変数の値を出力
するときはprint()を使います。この場合、文字式は図3-4上のようにプログ
ラムに書いた計算式と同じ形で表示されます。図3-4下のように出力する
には、display()[8]を使用してください。

図3-4　print()とdisplay()の違い

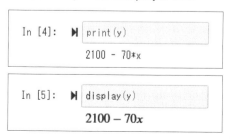

99

＊8　display() は、IPython.display モジュールに定義されている関数です。このモジュール
　　は Jupyter Notebook を起動したときに自動的にインポートされるので、改めてインポー
　　トする必要はありません。

2.3 複数の文字を含んだ式

　半径rの円の面積はπr^2で求められますね。プログラム3-3は、この公式を
定義するプログラム[9]です。SymPyモジュールには円周率πが「pi」として
あらかじめ定義されています。プログラムで新たに変数として定義するの
は半径の「r」だけです（1行目）。

プログラム3-3　円の面積の公式

```
1. r = sp.Symbol('r')       # r
2. expr = sp.pi * r**2      # πr²
3. display(expr)
```

　プログラム3-3を実行すると

$$\pi r^2$$

が表示されます。この式にはπとr、2つの文字が含まれていますね。ここに
具体的な値を代入して計算するには、subs()の引数をPythonのディクショ
ナリ型で指定します。プログラム3-3を実行してから次の命令を実行する
と、半径が5の円の面積を円周率3.14[10]で計算することができます。

```
In [5] :        expr.subs({sp.pi:3.14, r:5})


   Out [5] :    78.5
```

＊9　数式は英語で expression、これを省略して expr という名前の変数に式を代入しました。
　　　なお、記号に値を代入するときに使う subs() の語源は substitution（代入）です。
＊10　float(sp.pi) のようにすると 3.141592653589793 まで得られます。

3 (x, y)を通って傾きがaの直線の式

さて、SymPyの使い方がわかったところで、直線の話に戻りましょう。パソコンやスマホのアプリを使って描いた直線も、ちゃんと$y = ax + b$で表すことができます。「傾きも切片もわからないのにどうやって？」と思うかもしれませんが、これらの値は直線の始点と終点の座標から求めることができます。順番に見ていきましょう。

3.1 切片bの求め方

直線を引くときに必要なものは「直線上の1点」と「直線の傾き」です。たしかに図3-5を見ると、直線の傾きがこれと決まっていたら、点Aを通る直線はこの1本しか引けませんね。

図3-5 傾きが決まっていて点Aを通る直線

特別な場合[* 11]を除くと、平面上の直線は93ページにも出てきた式❶で表すことができます。

$y = ax + b$　——式❶[* 12]

いま、図3-5の傾きを2、点Aの座標を$(3, 4)$として式❶に代入すると

$4 = 2 \times 3 + b$

です。この式を解くと$b = -2$ですから、図3-5の直線の式は$y = 2x - 2$となります。

プログラム3-4は$y = 2x - 2$のグラフを描画するプログラムです。Matplotlib.Pyplotモジュールのscatter()を使って、$(3, 4)$の位置に点も描画

しました。このプログラムを実行すると、図3-6のようになります。図3-5とは傾きが違いますが、これはプロットの縦横比が1：1ではないからです。座標軸の目盛りを読み取って変化の割合を見ると、傾きは2で間違いありませんね。

プログラム3-4　(3,4)を通って傾きが2の直線（$y = 2x - 2$のグラフ）

```
1. def func(x):
2.     return 2 * x - 2      # y = 2x - 2
3.
4. x = np.arange(-1, 6)      # x 座標（-1 ～ 5）
5. y = func(x)               # y 座標
6.
7. plt.plot(x, y)            # グラフを描画
8. plt.scatter(3, 4)         # (3,4) に点を描画
9. plt.show()
```

図3-6　プログラム3-4の実行結果

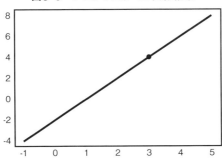

* 11　y軸に平行な直線はこの式では表せません。くわしくは第2章「7 座標軸に平行な直線」を参照してください。
* 12　この章の「1.1 関数と方程式」のコラム「直線の方程式」を参照してください。

Python Tips 座標軸を描画する

Matplotlibにデータを与えると、自動的に座標軸の範囲や目盛りの大き

さを調整して、図3-6のようにデータ全体を収めたきれいなグラフを描画してくれます。とはいえ、このグラフを見せられて「傾きは2で間違いありません」と言われても、すぐには納得できないと思います。

では、図3-7ならどうですか？　グリッドを表示して、さらにx軸とy軸を追加しただけですが、これなら傾きも切片も、一目でわかりますね。

プログラム3-5は、プログラム3-4と同じグラフに座標軸とグリッドを追加するプログラムです。なお、プロットするデータxとyには値が代入されていることが前提です。必ずプログラム3-4、プログラム3-5の順番にプログラムを実行してください。

プログラム3-5　座標軸を表示する

```
1. plt.plot(x, y)                          # グラフを描画
2. plt.scatter(3, 4)                       # (3,4)に点を描画
3.
4. xmin, xmax, ymin, ymax = plt.axis()     # 座標値の範囲を取得
5. plt.hlines(0, xmin, xmax)               # x軸を描画
6. plt.vlines(0, ymin, ymax)               # y軸を描画
7. plt.grid(color='0.8')                   # グリッドを表示
8. plt.show()
```

図3-7　座標軸とグリッドをプログラムで表示（プログラム3-5の実行結果）

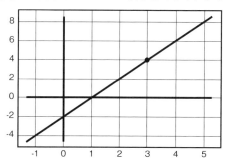

プログラム3-5の4行目のplt.axis()は、現在のグラフから座標値の範囲を取得する命令です。

```
xmin, xmax, ymin, ymax = plt.axis()
```

のように記述するとx軸の最小値と最大値、y軸の最小値と最大値の順に取
得できます。これらの値はプロットするデータから自動的に計算されます。

　5行目の

```
plt.hlines(0, xmin, xmax)
```

は水平線を描画する命令です。先頭の引数は水平線を描画するyの位置、2
番目と3番目の引数はxの範囲です。上記のように引数を与えるとy=0の
位置、つまりx軸の位置に水平線を描画します。6行目のvlines()は垂直線
を描画する命令です。こちらも先頭の引数は0なので、この場合はx=0、つ
まりy軸の位置にy軸の最小値から最大値の範囲で描画します。

　プログラム3-5では水平線と垂直線を1本ずつしか描画しませんでした
が、これらの命令がhlines()、vlines()のように複数形になっていることに気
付きましたか？　次のようにy座標と描画色をリストで与えると、4本の水
平線をそれぞれ色を変えて描画できるので試してみてください。

```
plt.hlines([0, 2, 4, 6], xmin, xmax, colors=['k','r','g','b'])
```

3.2 公式を利用する

　平面上の直線の式は

$$y = ax + b \quad \text{——①}$$

で表せることはすでに説明しました。ここに点Aの座標(x_1, y_1)を代入す
ると

$$y_1 = ax_1 + b \quad \text{——②}$$

と書けます。ここで2つの式からbを消すために「①−②」を計算しましょう。
左辺、右辺それぞれで①から②を引いて、そこから式を整理すると

$$y - y_1 = ax + b - (ax_1 + b)$$
$$y - y_1 = ax + b - ax_1 - b$$

$$y - y_1 = a(x - x_1)$$
$$y = a(x - x_1) + y_1 \quad\text{——式❸}$$

となり、これが点A (x_1, y_1) を通って傾きaの直線を表す式になります。前項では切片bを求めてから直線の式を求めましたが、最後の式❸を使えば傾きと点Aの座標を入れるだけで求められます。

たとえば、$(3, 4)$を通って傾きが2の直線の式は
$$y = 2(x - 3) + 4$$
$$y = 2x - 6 + 4$$
$$y = 2x - 2$$

となります。前節で求めた式と同じ式になりましたね。

3.3 SymPyを使って計算する

直線上の1点と傾きがわかっていれば、式❸に値を代入して式を整理することで、$y = ax + b$の形の直線の式が求められることがわかりました。難しい計算ではありませんが、ちょっとだけ面倒ですね。そこで、SymPyモジュールにこの式を整理してもらいましょう。プログラム3-6は、式❸をもとに傾きが2で$(3, 4)$を通る直線の式を求めるプログラムです。

プログラム3-6　傾きが2で(3, 4)を通る直線の式

```
1. x = sp.Symbol('x')                    # 未知数x
2. a = sp.Symbol('a')                    # 傾きa
3.    x1, y1 = sp.symbols('x1, y1')      # 直線上の点(x1, y1)
4.
5. y = a * (x-x1) + y1                    # 直線の式（式❸）
6. y = y.subs({a:2, x1:3, y1:4})         # 式に値を代入
7. y
```

1〜3行目は式で使う記号の定義です。直線上の点の座標を表す記号x1、y1は3行目で2つ同時に定義しました。この場合はSymbol()ではなくsymbols()を使うので注意してください。

その次に5行目で式❸を定義しておき、6行目の

```
y = y.subs({a:2, x1:3, y1:4})
```

は、式中の傾きと座標に具体的な値を代入して式を書き換える命令です。
このプログラムを実行すると、

$$2x - 2$$

のように直線の式が表示されます。

Python Tips **SymPyでグラフを描く**

SymPyを使ってできることは文字式の計算処理だけではありません。

```
sp.plot(y)
```

と、たったこれだけで、yが指す式（ここでは$2x-2$）を使ったグラフが描画
できます（図3-8）。

図3-8　SymPyで描いたグラフ

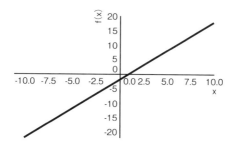

Matplotlibのグラフとは違って、SymPyのグラフには座標軸と軸のタイ
トル（横軸はx、縦軸はxの関数を表すf(x)）が表示されます。また、横軸xの
範囲は標準では-10〜10です。この範囲はsp.plot()の2つ目の引数で変更
できます。たとえば、-1〜5の範囲のグラフを描画するには、

```
sp.plot(y, (x, -1, 5))
```

のように引数を指定してください（図3-9）。

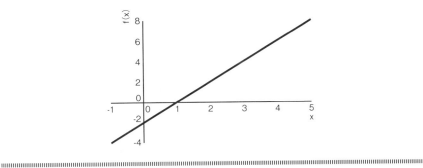

図3-9　xの範囲を指定してグラフを描画

4 2点を通る直線の式

点が1つだけ与えられたとき、その点を通る直線は何本も引くことができますが、点が2つになると、その2点を通る直線は1つに決まります。今度は2つの座標から直線の式 $y = ax + b$ を求めてみましょう。

4.1 直線の傾きを求める

2つの点が与えられたとき、その2点を通る直線は1つしかありません（図3-10）。

図3-10　2点を通る直線は1つしかない

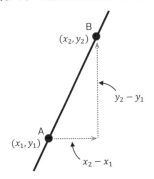

直線の傾きは「変化の割合」を表している[*13]ので、第2章で式❷として紹介した以下の式

$$変化の割合 = \frac{y の増加分}{x の増加分}\quad——第2章の式❷（再掲）$$

を使えば求められますね。それぞれの増加分は2点の座標を引き算すればよいので、点Aの座標を(x_1, y_1)、点Bの座標を(x_2, y_2)とすると、図3-10の直線の傾きaは

$$a = \frac{y_2 - y_1}{x_2 - x_1}$$

で表せます。これを直線上の1点と傾きが与えられたときの式

$$y = a(x - x_1) + y_1\quad——式❸[*14]$$

に代入すると、

$$y = \frac{y_2 - y_1}{x_2 - x_1}(x - x_1) + y_1\quad(x_1 \neq x_2)\ ——式❹$$

となり、これが与えられた2点を通る直線の式になります。わざわざ「$x_1 \neq x_2$」を付けたのには、ちゃんと理由があります。もしもx_1とx_2が同じ値だと、傾きaの分母が0になってしまって割り算ができません。つまり傾きを定義できないので、そのような直線は式❹では表すことができないのです。では、$x_1 = x_2$はどのような直線かというと、それはx軸のx_1を通ってy軸に平行な直線になります。

＊13　第2章「5 直線の傾きを決めるもの」を参照してください。
＊14　この章の「3.2　公式を利用する」を参照してください。

　図3-11を見てください。(1,0)と(3,4)を通るこの直線は傾きが2、切片は-2ですから、この直線の式は$y = 2x - 2$で間違いありませんね。では、式❹で図3-11の直線の式が求められるのか確認しましょう。もちろん、計算はSymPyにまかせます。

図3-11　(1,0)と(3,4)を通る直線

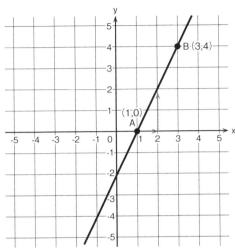

　プログラム3-7は、(1, 0)と(3, 4)の2点を通る直線の式を求めるプログラム
です。このプログラムを実行すると、グラフから読み取った直線の式と同じ

$$2x - 2$$

が表示されるはずです。

プログラム3-7　2点を通る直線の式

```
1. x = sp.Symbol('x')                    # 未知数 x
2. x1, y1 = sp.symbols('x1, y1')         # 点 A の座標
3. x2, y2 = sp.symbols('x2, y2')         # 点 B の座標
4.
5. y=((y2-y1)/(x2-x1)) * (x-x1) + y1     # 直線の式（式❹）
6. y = y.subs({x1:1, y1:0, x2:3, y2:4})  # 式に値を代入
7. y
```

　5行目で式❹を定義しているのですが、もとの式よりも複雑に見えます
ね。これは正しい順番で計算されるように（　）を追加したからです。この
プログラムをもう少しくわしく見ていきましょう。

1つの式に足し算・引き算・掛け算・割り算が含まれている計算をするときは、掛け算・割り算を先にしてから足し算・引き算を計算しますね。このルールはプログラムでも同じで、Pythonでは表3-3に示すように優先順位が決まっています。また、式中に（　）があるときは（　）の中を先に計算するというルールもプログラムで通用します。

表3-3　主な算術演算子の優先順位

優先度	演算子	意味
高	+, -	符号（正、負）
↑	**	べき乗
	*, /, //, %	掛け算、割り算、割り算の商、割り算の余り
↓	+, -	足し算、引き算
低	=	代入

　以上を踏まえて、式❹

$$y = \frac{y_2 - y_1}{x_2 - x_1}(x - x_1) + y_1 \quad (x_1 \neq x_2)$$

とプログラム3-7の5行目

```
y=((y2-y1)/(x2-x1)) * (x-x1) + y1
```

を見比べてください。分数はプログラムの中では割り算になるので

$$\frac{y_2 - y_1}{x_2 - x_1}$$

この部分を

```
y2-y1 / x2-x1  ── ③
```

のように書きたくなりますが、これでは思った通りの計算はできません。この書き方だとコンピューターは、

$$y_2 - \frac{y_1}{x_2} - x_1$$

という計算をしてしまいます。$\frac{y_2 - y_1}{x_2 - x_1}$は変化の割合を求める式ですから、割り算の前に分子および分母を計算しなければいけません。そのためには

```
(y2-y1) / (x2-x1)  ── ④
```

のように引き算を（ ）で囲む必要があります。図3-12は③と④の式に具体的な値を入れて計算させた様子です。（ ）の有無で答えが変わることを確認してください。

図3-12　計算の順番

割り算を計算してから引き算

```
In [1]:  ▶| 4-0 / 3-1
     Out[1]: 3.0
```

引き算を計算してから割り算

```
In [2]:  ▶| (4-0) / (3-1)
     Out[2]: 2.0
```

4.2 連立方程式を使って2点を通る直線の式を求める

　直線上の2点がわかっているときは、
$$y = \frac{y_2 - y_1}{x_2 - x_1}(x - x_1) + y_1 \quad (x_1 \neq x_2) ——式❹（再掲）$$
で直線の式を求められるのですが、この式を覚えておくのは大変です。でも、$y = ax + b$ならもう自然と頭に焼き付いているのではないでしょうか。この式に点Aの座標$(1, 0)$を代入すると
$$0 = a + b \quad —— ⑤$$
点Bの座標$(3, 4)$を代入すると
$$4 = 3a + b \quad —— ⑥$$
になります。2つの式からbを消すために「⑥−⑤」を計算しましょう[*15]。左辺と右辺それぞれで⑥から⑤を引いて式を整理すると、
$$4 - 0 = 3a + b - (a + b)$$
$$4 = 2a$$
$$a = 2$$
となって、直線の傾きaが求められました。これを⑤に代入する[*16]と
$$0 = 2 + b$$
$$b = -2$$
のように切片bが求められます。よって、$(1, 0)$と$(3, 4)$を通る直線の式は$y = 2x - 2$です。プログラム3-7の実行結果と同じ式になりましたね。

111

4.3 SymPyを使って連立方程式を解く

　直線上の2点がわかっているときは、$y = ax + b$にそれぞれの座標を入れて式を2つ作り、これを連立方程式として解くと直線の式が求められます。たとえば、直線が $(1, 0)$ と $(3, 4)$ を通る場合は

　　$0 = a + b$

　　$4 = 3a + b$

のように式を立てます。簡単な計算ですが、暗算では難しい。紙と鉛筆を用意し、自分で式を書いて……となると面倒ですね。

　プログラム3-8はSymPyを使って連立方程式を解くプログラムです。1〜2行目は記号の定義、4〜5行目は式の定義、その後の7行目が連立方程式を解く命令です。

プログラム3-8　連立方程式を解く

```
1. a = sp.Symbol('a')              # a
2. b = sp.Symbol('b')              # b
3.
4. expr1 = a + b                   # 0=a+b
5. expr2 = 3 * a + b - 4           # 0=3a+b-4
6.
7. ans = sp.solve([expr1, expr2])  # 連立方程式を解く
8. ans
```

　式を定義するときは、4〜5行目のように左辺（または右辺）が0になるように式を整理してください。2つの式をリストにして

```
ans = sp.solve([expr1, expr2])
```

のようにsolve()に渡すだけで連立方程式が解けます。驚くほど簡単でしょう？　プログラムを実行すると

```
{a: 2, b: -2}
```

のように2つの解が表示されます。波括弧｛　｝はPythonのディクショナ
リ型を表しているので、それぞれの解はキーを使ってans[a]、ans[b]で参照
できます。ディクショナリ型について不安な人は、第1章の51ページをも
う一度読んでみてくださいね。

Python Tips 式の書き方

　solve()を使って方程式を解くときは、プログラム3-8の4〜5行目に示し
たように左辺（または右辺）が0になるように式を整理してから定義する
必要があります。移項する（左辺から右辺もしくはその逆方向に移動する）
ときに符号を間違えたら、当然正しい解は得られないので注意してくださ
い。

　「式の整理に自信がない…」という場合は、SymPyのEq()[16]を使って式
を定義するのがお薦めです。左辺と右辺をコンマ（,）で区切るだけなので、
これなら間違いも防げます。プログラム3-9はプログラム3-8と同じ連立方
程式を、Eq()を使って定義して解を求めるプログラムです。

プログラム3-9　プログラム3-1と同じ式をEq()で定義する

```
1. a = sp.Symbol('a')
2. b = sp.Symbol('b')
3.
4. expr1 = sp.Eq(0, a+b)          # 0=a+b
5. expr2 = sp.Eq(4, 3*a+b)        # 4=3a+b
6.
7. ans = sp.solve([expr1, expr2])
8. ans
```

＊16　Eq()の語源はequation（方程式）です。ちなみに、solveは日本語で「解く」という
　　　意味です。

5 2直線の交点

　平面上にある2本の直線は、平行でない限り必ずどこかで交わります（図3-13）。この交点の座標を求めるにはどうすればいいと思いますか？　この章の初めに、関数$y = 2x + 1$のグラフは方程式$2x - y = -1$の解の集まりだという話をしました。これをヒントに2本の直線の交点が何を表しているか、少し考えてみてください。

図3-13　平面上の2直線

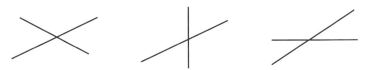

　直線の式を使ってグラフが描けることは確認済みですね。このグラフは直線の式を整理して作った方程式の解の集まりです[*17]。

　そして2つの直線が交わるのですから、2つの方程式は同じ解を持つ、つまり、連立方程式の解が2直線の交点ということになります。

[*17]　この章の「1 方程式を解く」を参照してください。

5.1 交点が表すもの

　太郎くんと二郎くんは二人とも家にいましたが、太郎くんが先に1分間に70mの速さで家から公園に向かって歩き始めました。置いてきぼりにされた二郎くんは、太郎くんが出発してから6分後に自転車に乗って、1分間に100mの速さで同じ道を追いかけました。さて問題です。二人の速さが変わらないとき、太郎くんが家を出てから何分後に二郎くんは追いつけるでしょうか？──むかし懐かしい旅人算です。解き方を覚えていますか？

　太郎くんが家を出てから6分間に進む距離は70m × 6分で420m。速さから計算すると、二人の距離は100m − 70mで1分間に30m縮まる。420mの

差が0になるには420m÷30mで14分かかる。求めるのは太郎くんが出発してからの時間だから、6分＋14分で答えは20分後です。

　答えがわかったところで、図3-14を見てください。これは太郎くんが家を出発してからの時間と、二人の家からの距離の関係をそれぞれグラフにしたものです。実線は太郎くん、点線は二郎くん、そして求める答えは二人のグラフが交わるところです。

図3-14　時間と距離のグラフ

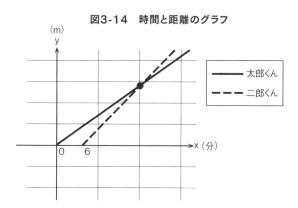

5.2 直線の方程式

　図3-14を見ながら考えましょう。x軸は時間（単位は分）、y軸は距離（単位はm）です。太郎くんは1分間に70mの速さで進むのですから、実線で表された直線の式は

$$y = 70x$$

で間違いありませんね。問題は二郎くんです。1分間に100m進むのですから傾きaは100ですが、切片bがわかりません。しかし、太郎くんの6分後にスタートするのですから、この直線が$(6, 0)$を通ることはわかっています。ということは、

$$y = a(x - x_1) + y_1 \text{——式}❸（再掲）* 19$$

の式を使えば二郎くんの式が求められますね。

　プログラム3-10は二郎くんの直線の式を求めるプログラムです。このプログラムを実行すると、

$$100x - 600$$

が表示されます。

プログラム3-10　傾きが100で(6, 0)を通る直線の式

```
1. x = sp.Symbol('x')              # 未知数 x
2. a = sp.Symbol('a')              # 傾き a
3. x1, y1 = sp.symbols('x1, y1')   # 直線上の点 (x₁, y₁)
4.
5. y = a * (x-x1) + y1 # 直線の式（式❸）
6. y = y.subs({a:100, x1:6, y1:0}) # 式に値を代入
7. y
```

＊19　この章の「3.2　公式を利用する」を参照してください。

5.3 2直線の交点と連立方程式の解

　太郎くんと二郎くんの直線は、それぞれ次の式で表されることがわかりました。

$$y = 70x$$

$$y = 100x - 600$$

　これを連立方程式として解くと、直線の交点の座標がわかります。SymPyを使って計算しましょう。

プログラム3-11　直線の交点を求める

```
1. x = sp.Symbol('x')                  # x
2. y = sp.Symbol('y')                  # y
3.
4. expr1 = sp.Eq(y, 70*x)              # y = 70x * 20
5. expr2 = sp.Eq(y, 100*x-600)         # y = 100x - 600
6.
7. ans = sp.solve([expr1, expr2])      # 連立方程式を解く
8. ans
```

　プログラム3-11を実行すると、

　　{x: 20, y: 1400}

のように答えが2つ表示されます。これが2つの直線の交点の座標、つまり太郎くんと二郎くんが会う点です。x軸は時間（単位は分）、y軸は距離（単位はm）ですから、2人が会うのは太郎くんが出発してから20分後、スタート地点から1400mの場所ということがわかります。

---

* 20　プログラム3-11では式の定義にEq()を使いました。これを使わずに式を定義するときは、expr1 = 70 * x - y、expr2 = 100 * x - 600 - yのように、方程式の左辺（または右辺）が0になるように式を整理してください。

SymPyでグラフを描く

この章の「3.3 SymPyを使って計算する」で、SymPyを使えばプログラム
で定義した式からグラフが描ける話をしました。しかし、プログラム3-11
の4〜5行目で定義した式ではグラフを描くことはできません。Eq()を使っ
て定義した式は方程式[21]であり、関数[22]ではないからです。

グラフを描く場合は、

```
sp.plot(70*x, 100*x-600, (x, 0, 30))
```

のように引数を設定してください。最初の引数は太郎くんの直線の式、2番
目の引数は二郎くんの直線の式、3番目の引数はx座標の範囲です。このよ
うに複数の式を渡すと、同じプロットにグラフを描画できます（図3-15）。

図3-15　SymPyで描画したグラフ

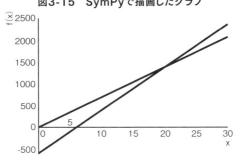

もう一度、この節の最初に戻って旅人算の解き方を見てみましょう。こ
のときは太郎くんが出発したあと、二郎くんが追いつくまでにかかる時間
はわかりましたが、それがどの地点かということはわかりませんでした。
しかし、グラフを描いてみると、2人がいつ、どこで会うのかひと目でわか
ります。その答えはもちろん2つの直線が交わる点です。

[21]　式中の文字に、ある特定の値を入れたときだけ等式が成立するのが方程式です。
[22]　関数とは、xの値によってyがただ1つに決まる関係を表した式です。

第4章
垂直に交わる線

「定規を使って、この紙に直線を2本引いてください」と言われたら、どのように描きますか？　人それぞれ描いたものは違うと思いますが、その2直線をどこまでも伸ばしたら「やがてどこかで交わる」か、あるいは「どこまで伸ばしても交わらない」のどちらかになるでしょう。そして「やがてどこかで交わる」場合は、2本の直線のなす角が「直角になる」ものとそうでないものに分けられますね。交わった角が直角にならない2直線は限りなくたくさんあるので、ここでは「直角に交わる直線」と「どこまで伸ばしても交わらない直線」を見ていきましょう。

1 直交する直線の傾き

　ある直線に対して別の直線が直角に交わった状態を直交[*1]と言います（図4-1）。この図を見てわかることは、2つの直線の傾きが違うこと——もう少し正確に言うと、直交する2直線は必ず右上がりと右下がりの組み合わせになる[*2]ということです。もっと踏み込んで数学的な言い方をすると、

$$y = ax + b$$

で表せる直線の式で、傾きaの値が片方はプラス（正）、もう一方はマイナス（負）[*3]になるということです。

*1　「直交」とよく似た言葉に「垂直」があります。これはある直線と別の線などが直角をなす状態です。必ずしも交っている必要はありません。
*2　直交座標系のx軸とy軸も直交しますが、これらの軸を式で表すと$y = 0$と$x = 0$です。これらの直線は、直交する2直線の特別な場合です。
*3　傾きの値がプラスになる場合、マイナスになる場合については、第2章「5 直線の傾きを決めるもの」と「6 右下がりの直線」を参照してください。

　もちろん、傾きがプラスとマイナスになる組み合わせは、図4-1以外にもたくさんあります。しかし、2つの直線が直角に交わるときにだけ成り立つ法則が、もう1つあります。

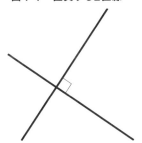

図4-1　直交する2直線

② 直線が直交するときに成り立つ法則

　図4-2は、図4-1に座標軸を重ねた様子です。わかりやすいように、2つの直線の交点を座標の原点に重ねました。すると、切片bは0になるので、それぞれの直線の式は$y = a_1x$（右上がりの直線、a_1は正）と$y = a_2x$（右下がりの直線、a_2は負）で表すことができます。2つの直線は傾きが異なるので、aという同じ記号で表すことはできないので注意してください。

　「右下がりの直線は傾きがマイナスだから、$y = -a_2x$じゃないの？」と思うかもしれませんが、ここは一般的な式で考えましょう。a_2にはすでに負の値が入っているので、$-a_2$にしてしまうと、異なる直線の式になってしまいます。

　また、図4-2ではx軸の1を通ってy軸に平行な直線（オレンジ色の部分）を引きました。すると、x軸をはさんで上下に直角三角形ができますね。x軸の1をこれらの三角形の底辺とすると、高さはそれぞれの直線の傾きで表せます。

図4-2　直交する2直線に座標軸を重ねると…

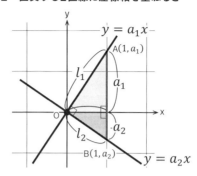

　ここから先は数式と一緒に見ていきましょう。みなさんは「ピタゴラスの定理」*4を覚えていますか？　直角三角形の斜辺*5の長さの2乗は、残りの2辺の長さを2乗して足したものと等しい――という定理ですが、これを$y = a_1 x$とx軸が作る直角三角形に当てはめると、図4-2のl_1は

$$l_1{}^2 = 1^2 + a_1{}^2 \quad ―― ①$$

で表すことができます。同じように、l_2を表すと

$$l_2{}^2 = 1^2 + a_2{}^2 \quad ―― ②$$

です。また、$y = a_1 x$と$y = a_2 x$は直交するのですから、この2直線とオレンジの線が作る三角形も直角三角形ですね。2つの直線の交わる角が直角ですから、それに向かい合うオレンジの線が斜辺になるので、ピタゴラスの定理に当てはめると

$$(a_1 - a_2)^2 = l_1{}^2 + l_2{}^2 \quad ―― ③$$

です。「ちょっと待って、斜辺の長さは$a_1 + a_2$じゃないの？」と言いたくなりますが、図4-2の点$A(1, a_1)$からx軸までのy方向の距離は$a_1 - 0$のように計算して答えはa_1です。同じように考えると、x軸から点$B(1, a_2)$までのy方向の距離は$0 - a_2$。これらを合計したのが$(1, a_1)$から$(1, a_2)$までのy方向の距離は$a_1 - a_2$で間違いありません。

*4　「三平方の定理」と呼ぶこともあります。くわしくは第5章で説明します。
*5　直角に向かい合う辺のことを「斜辺」と言います。

　さて、3つの式をよく見ると、③の右辺は①と②の右辺に置き換えられる

ので、
$$(a_1 - a_2)^2 = (1^2 + a_1{}^2) + (1^2 + a_2{}^2) \quad \text{——④}$$
この式を整理すると
$$a_1{}^2 - 2a_1 a_2 + a_2{}^2 = a_1{}^2 + a_2{}^2 + 2$$
$$-2a_1 a_2 = 2$$
$$a_1 a_2 = -1$$
となり、直交する2つの直線の傾きの積は-1になります。これが2つの直線
が直交するときにだけ成り立つ法則です。

Python Tips 式の展開と簡略化

　数式の整理はとても大切です。展開の仕方や移項の途中で符号を間違え
たりすると正しい答えは得られません。もとになる数式ができたら、手間
のかかる作業はSymPyにやってもらいましょう。プログラム4-1は④の式
を定義するプログラムです。

プログラム4-1　④の式を定義する

```
1. import sympy as sp
2.
3. a1 = sp.Symbol('a1')        # a_1
4. a2 = sp.Symbol('a2')        # a_2
5.
6. expr = sp.Eq((a1-a2)**2, (1**2 + a1**2) + (1**2 + a2**2))     # ④の式
7. expr
```

　プログラム4-1を実行すると
$$(a_1 - a_2)^2 = a_1{}^2 + a_2{}^2 + 2$$
と表示されます。右辺の$1^2 + 1^2$が整理されて2になった以外は④と同じで
すね。
　この式を整理するには、左辺の$(a_1 - a_2)^2$を展開しなければならないの
ですが、展開の仕方は覚えていますか？　SymPyではexpand()を使うこと

で、次のようにプログラム内で式を展開できます。

```
In [2] :        sp.expand(expr)
```

Out [2] : $a_1{}^2 - 2a_1a_2 + a_2{}^2 = a_1{}^2 + a_2{}^2 + 2$

　ここまで来れば、あとは移項するだけです。前述の通りに式を整理すれば、簡単に$a_1a_2 = -1$を導けますね。

　もう1つ、式を整理する方法を紹介しましょう。④の式を左辺が0になるように移項すると

$$0 = (1^2 + a_1{}^2) + (1^2 + a_2{}^2) - (a_1 - a_2)^2$$

です。これをSymPyで定義すると、次のようになります。

```
In [3] :        expr2 = (1**2 + a1**2) + (1**2 + a2**2) - (a1-a2)**2
                expr2
```

Out [3] : $a_1{}^2 + a_2{}^2 - (a_1 - a_2)^2 + 2$

　$1^2 + 1^2$は2になるため、次数の高い方から順に表示されますが、この式の$(a_1 - a_2)^2$を展開すれば、もっと簡単な式になりそうです。続けてsimplify()を実行してみましょう。

```
In [4] :        sp.simplify(expr2)
```

Out [4] : $2a_1a_2 + 2$

　プログラムでここまで簡単な式にできました。最後の$a_1a_2 = -1$まであと一歩ですね。

3 直線の垂直条件

　2つの直線の傾きをa_1、a_2とすると、この2つの直線が直角に交わるとき

は

$$a_1 a_2 = -1 \quad \text{—— 式❶}$$

が成立します。これを直線の「垂直条件」と言います。どちらかの傾き、たとえばa_1がわかっているときは、式❶を変形して

$$a_2 = -\frac{1}{a_1} \quad \text{—— ⑤}$$

これで傾きa_1の直線に直交する直線の傾きa_2を求められます。

　図4-3は、座標の原点で直角に交わる2直線です。グラフから読み取ると、右上がりの直線の傾きは$\frac{3}{2}$です。これを⑤に代入すると、右上がりの直線と垂直な直線の傾きは$-\frac{1}{\frac{3}{2}} = -\frac{2}{3}$となり、グラフから読み取れる右下がりの直線の傾きと同じになりました。

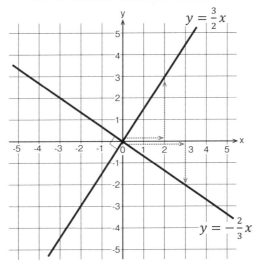

図4-3　座標原点で直角に交わる2直線

$$y = \frac{3}{2}x$$

$$y = -\frac{2}{3}x$$

　次の図4-4は図4-3と同じ2直線をそれぞれ移動した様子です。いずれの直線も傾きは変えずに移動しました。どちらの直線も切片bの値が変わりましたが、それでもやはり直交しています。この図からもわかるように、2つの直線が垂直に交わることと切片bは無関係です。

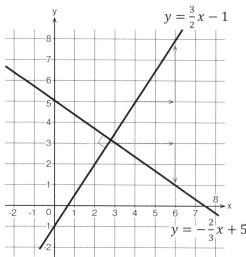

図4-4　座標原点以外で直角に交わる2直線

プログラム4-2は$y = \frac{3}{2}x - 1$と$y = -\frac{2}{3}x + 5$のグラフを描画するプログラムです。2つの直線が直交することがわかりやすいように、plt. axis('equal')を実行してプロットの縦横比が1:1になるようにしました（図4-5）。この命令を省略するとグラフ全体がきれいに収まるように座標の目盛りが調整されるため、交わる角が直角にならないので注意してください。

プログラム4-2　$y = \frac{3}{2}x - 1$と$y = -\frac{2}{3}x + 5$のグラフ

```
1. %matplotlib inline
2. import matplotlib.pyplot as plt
3. import numpy as np
4.
5. def func1(x):
6.     return 3/2*x-1          # y = 3/2 x - 1
7.
8. def func2(x):
```

```
 9.      return -2/3*x+5        # y = -2/3 x + 5
10.
11. # x の範囲
12. x = np.arange(-2, 9)        # -2 ～ 8
13.
14. # 右上がりの直線
15. y1 = func1(x)
16. plt.plot(x, y1)
17.
18. # 右下がりの直線
19. y2 = func2(x)
20. plt.plot(x,y2)
21.
22. # 縦横比を 1:1 で表示
23. plt.axis('equal')
24. plt.show()
```

9行目の注釈: $y = -\frac{2}{3}x + 5$

図4-5　プログラム4-2の実行結果

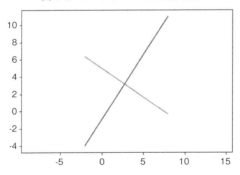

コラム 繁分数式の計算

　$-\dfrac{\frac{1}{3}}{2}$ のように、分母や分子に分数式を含んだ式を繁分数式と言います。見た目は複雑ですが、分数は「分子÷分母」という基本さえ忘れなければ計算は簡単です。たとえば $-\dfrac{\frac{1}{3}}{2}$ を割り算に直すと $-1 \div \dfrac{3}{2}$、分数の割り算は分子と分

127

母を入れ替えた掛け算に置き換えられるので$-1 \times \dfrac{2}{3}$、つまり$-\dfrac{2}{3}$です。

4 直線と線分

　ここまで「まっすぐな線」を「直線」として取り扱ってきましたが、実は直線以外にもまっすぐな線があります。それが「線分」です。みなさんは「直線」と「線分」の違いを説明できますか？　日常生活では線分という言葉をあまり使わないので忘れがちですが、数学では2つをきちんと区別して、どこまでもまっすぐに伸びる線を直線、直線の両端が決まっているものを線分と言います。本書でもこれまでは区別していませんでしたが、ここから先はきちんと使い分けます。

　さて、2つの違いは「長さ」があるかどうかです。どこまでも伸びる直線に決まった長さはありませんが、両端が決まっている線分には長さがあります。そして長さが決まれば、その中点、つまり真ん中の点も決まります。

　図4-6は線分ABに座標軸を重ねた様子です。

図4-6　線分ABとその中点C

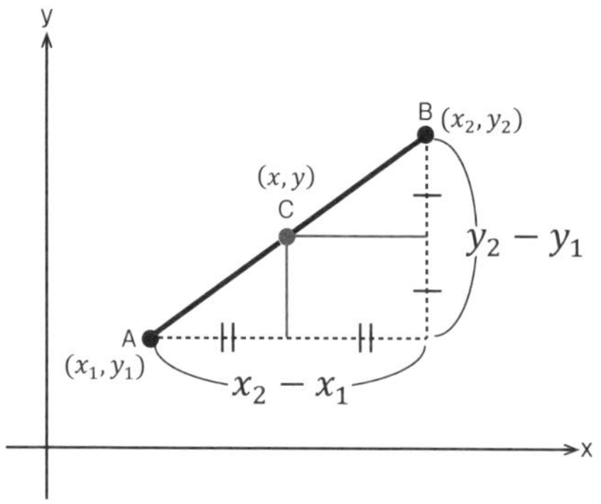

　図中の2点の座標を$A(x_1, y_1)$、$B(x_2, y_2)$とすると、x方向は$x_2 - x_1$、y方向は$y_2 - y_1$でそれぞれ長さを求めることができますね。線分の中点Cは両

端から等しい距離にあるので、それぞれの長さの$\frac{1}{2}$を結んだところ、つまり、点Aからx方向に$\frac{1}{2}(x_2 - x_1)$、y方向に$\frac{1}{2}(y_2 - y_1)$進んだところです。

この図では、点Aのx座標がx_1ですから、これに$\frac{1}{2}(x_2 - x_1)$を足すと点Cのx座標は

$$x = x_1 + \frac{1}{2}(x_2 - x_1) = \frac{2x_1}{2} + \frac{x_2}{2} - \frac{x_1}{2} = \frac{x_1 + x_2}{2}$$

です。同じように点Aのy座標y_1に$\frac{1}{2}(y_2 - y_1)$を足すと、点Cのy座標は

$$y = y_1 + \frac{1}{2}(y_2 - y_1) = \frac{y_1 + y_2}{2}$$

となり、つまり点Cの座標は$\left(\frac{x_1 + x_2}{2}, \frac{y_1 + y_2}{2}\right)$で表すことができます。

コラム 線分を$m:n$に分ける点の座標

線分上にあって、その線分を2つに分ける点を「内分点」と言います。もちろん中点も内分点の1つです。ここでは線分をちょうど真ん中ではなく、一定の割合で分ける点について見ていきましょう。

まず、x軸と並行な直線上で考えます。図4-7の点Cは、線分ABを$m:n$に分ける点です。

図4-7　線分ABを$m:n$に内分する点C（x方向）

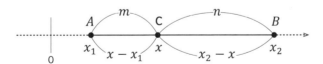

線分の始点の値をx_1、終点の値をx_2、点Cの値をxとすると、ACの長さは$x - x_1$、CBの長さは$x_2 - x$で表すことができます。この2つの長さの比は$m:n$なので

$$m:n = x - x_1 : x_2 - x \quad\text{——}\,⑥$$

という比例式が成立します。また、比例式には「内項の積と外項の積[*6]は等しい」という性質があるので、

$$n(x - x_1) = m(x_2 - x) \quad \text{——} \ ⑦$$

が成立します。これをxについて解くと点Cの値が求められるのですが、それはSymPyにやってもらいましょう。

＊6　等式をはさんで内側にある2つの項が「内項」、外側の2つの項が「外項」です。「項」
　　　については第8章「1.2　一次関数と直線の式」のコラムを参照してください。

　プログラム4-3は⑦の式をxについて解くプログラムです。1〜3行目は式で使う記号の定義、5行目が⑦の式の定義、7行目がその式をxについて解く命令です。solve()の1つ目の引数には方程式を、2つ目の引数にはこの方程式を何について解きたいのか、その記号を指定してください。

プログラム4-3　⑦の式をxについて解く

```
1.  x = sp.Symbol('x')
2.  x1, x2 = sp.symbols('x1, x2')
3.  m, n = sp.symbols('m, n')
4.
5.  expr = sp.Eq(n*(x-x1), m*(x2-x))        # n(x - x₁) = m(x₂ - x)  ⑦の式
6.  display(expr)
7.  display(sp.solve(expr, x))              # ⑦の式を x について解く
```

　プログラム4-3を実行すると、

$$n(x - x_1) = m(-x + x_2)$$

$$[(m*x2 + n*x1)/(m + n)]$$

のように式が2つ表示されます。上の式は5行目で定義した式、2番目はその式をxについて解いた答え、つまり点Cの値になります。

　次に、y軸と平行な直線上で考えてみましょう。図4-8は図4-7を反時計回りに90度回転させた様子です。線分の始点Aの値をy_1、終点Bの値をy_2、点Cの値をyとして同じように比例式を立てると、この線分ABを$m:n$に内分する点Cの値が求められますね。

図4-8　線分ABを$m:n$に内分する点C（y方向）

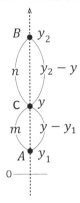

　ここまでのところを整理すると、線分ABを$m:n$に内分する点の座標は

$$\left(\frac{mx_2+nx_1}{m+n}, \frac{my_2+ny_1}{m+n}\right)\quad \text{── 式❷}$$

です。中点は線分を$1:1$に内分する点ですから、式❷のmとnに1を代入すると

$$\left(\frac{x_1+x_2}{2}, \frac{y_1+y_2}{2}\right)\quad \text{── 式❸}$$

となり、先ほど図4-6で見た座標と同じになりました。

Python Tips **分数を分数として表示する**

　プログラム4-3の実行結果を見て、「分数の式はこんな風に表示されてしまうのか……」とがっかりしたかもしれません。もしかしたら、「これまでの数式も本書のようには表示されていなかった」という方がいるかもしれません。分数を分数として式に表したい場合はSymPyモジュールのinit_printing()を実行しましょう。このコマンドを実行すると、ご使用の環境で最適な出力結果が得られるようになります。試しに、

```
In [7] :          sp.init_printing()
                  display(sp.solve(expr, x))
```

の順にコマンドを実行してみてください。

$$\left[\frac{mx_2+nx_1}{m+n}\right]$$

このように分数もきれいに表示されます。

5 垂直二等分線の式

　ここまでのところで直線の垂直条件と、線分の中点の座標の求め方がわかりました。それぞれ、

　　　　直線の垂直条件　　$a_1 a_2 = -1$　　── 式❶（再掲）[*7]

　　　　線分の中点　　　　$\left(\frac{x_1+x_2}{2}, \frac{y_1+y_2}{2}\right)$　　── 式❸（再掲）[*8]

という数式で表せます。これらを組み合わせると、与えられた線分の中点を通って、その線分と直角に交わる直線を式で表すことができます（図4-9）。このような直線を「垂直二等分線」と言います。

図4-9　(-2,1)と(6,5)を結ぶ線分と垂直二等分線

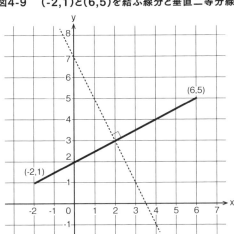

＊7　この章の「3 直線の垂直条件」を参照してください。

＊8　この章の「4 直線と線分」のコラム「線分を$m : n$に分ける点の座標」を参照してください。

　まずは傾きです。(-2,1) と (6,5) を通る線分の傾きは$\dfrac{y \text{の増加分}}{x \text{の増加分}}$で求められるので、$\dfrac{5-1}{6-(-2)}$のように計算して、その結果は$\dfrac{1}{2}$です。これを$a_1$とすると、直線の垂直条件（式❶）より直交する直線の傾きa_2は-2です。

　また、線分の中点の座標は式❸にそれぞれの座標を代入すると$\left(\dfrac{-2+6}{2}, \dfrac{1+5}{2}\right)$となるので、(2, 3) です。あとは (2, 3) を通って傾きが-2の直線の式を求めれば、それが垂直二等分線の式になります。これは

$$y = a(x - x_1) + y_1 \quad \text{―― 第3章の式❸（再掲）}^{*9}$$

が使えますね。傾きと中点の座標を代入すると$y = -2(x - 2) + 3$となり、求める式は

$$y = -2x + 7$$

です。この式で本当に垂直二等分線が描けるかどうか確認しましょう。

＊9　第3章「3.2 公式を利用する」を参照してください。

プログラム4-4は、$(-2,1)$ と $(6,5)$ を結ぶ線分と $y = -2x + 7$ のグラフを描画するプログラムです。

プログラム4-4　(-2,1)と(6,5)を結ぶ線分とy=-2x+7のグラフ

```
 1.  import numpy as np
 2.
 3.  # 線分と中点
 4.  plt.plot([-2, 6], [1, 5])      # (-2,1) と (6,5) を結ぶ線分
 5.  plt.scatter(2, 3)              # 線分の中点
 6.
 7.  # 垂直二等分線
 8.  def func(x):
 9.      return -2*x+7              # y = -2x + 7
10.  x = np.arange(0, 5)           # x の範囲 (0 〜 4)
11.  y = func(x)
12.  plt.plot(x, y)
13.
14.  # 画面に表示
15.  plt.axis('equal')
16.  plt.grid(color='0.8')
17.  plt.show()
```

　線分は4行目の

```
plt.plot([-2, 6], [1, 5])
```

で描画しています。[-2, 6] は線分の始点と終点のx座標、[1, 5] はy座標です。5行目のscatter()で線分の中点に点を描画します。

　8〜12行目は $y = -2x + 7$ のグラフを描画する処理です。プログラム4-4ではxの範囲を0〜4にしましたが、これはグラフの見やすさを考えて調整した値です。このプログラムを実行すると、図4-10のようになります。

図4-10　プログラム4-4の実行結果

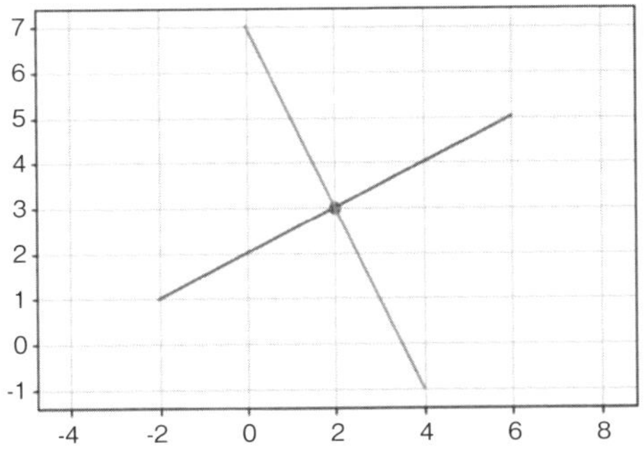

⑥ 円に接する線

　ここまでは線と線の関係を見てきました。ここからは目先を変えて、線と円の関係を見てみましょう。

　円外の点Aから円を突っ切るように直線を引くと、必ず円周上の2点と交わります（図4-11の点線）。直線で区切られた円周の一部を「弧」、円周上の2点を結ぶ線分を「弦」と言いますが、これらが小さくなるように直線の傾きを変えていくと、やがて直線は円周上のただ1点を通ります（図4-11の実線）。この直線を円の「接線」と言い、円と直線が接する点を「接点」と言います。

図4-11　円の接線

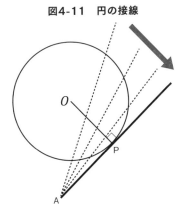

円の接線には、「円の中心と接点を結ぶ半径と直交する」という性質があります。ということはこの2つ、つまり円の中心と接点の座標がわかれば、前節と同じ手順で接線を表す式が求められますね。

　プログラム4-5は、座標原点を中心とする半径1の円と、その円に接する直線を描画するプログラムです。2〜5行目で円を、8〜11行目で円周上の1点を描画していますが、これらの処理には三角比を利用しました。くわしくは、このあとのコラムを参照してください。

プログラム4-5　半径が1の円と接線を描くプログラム

```
 1.  # 円
 2.  th = np.arange(0, 360)
 3.  x = np.cos(np.radians(th))
 4.  y = np.sin(np.radians(th))
 5.  plt.plot(x, y)
 6.
 7.  # 円周上の点（接点）
 8.  th = 315
 9.  x1 = np.cos(np.radians(th))
10.  y1 = np.sin(np.radians(th))
11.  plt.scatter(x1, y1)
12.
13.  # 円の中心と接点を結ぶ線分
14.  plt.plot([0, x1], [0, y1])
15.  a1 = y1 / x1              # 線分の傾き
16.
17.  # 接線
18.  a2 = -1 / a1              # 接線の傾き
19.  def func(x):
20.      return a2 * (x-x1) + y1 # 接線を表す式
21.  x = np.arange(-1.5, 2)
22.  y = func(x)
23.  plt.plot(x,y)
24.
```

```
25. # 画面に表示
26. plt.axis('equal')
27. plt.show()
```

　図4-12を見てください。これは、プログラム4-5の2～5行目で描く円に座標軸を重ねたものです。この図を見ながらプログラム4-5をくわしく見ていきましょう。

図4-12　座標原点を中心とする半径1の円

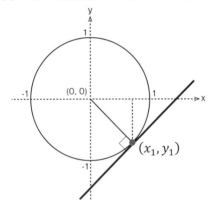

　円の中心は座標原点すなわち$(0, 0)$なので、円周上の点の座標を(x_1, y_1)とすると、円の中心と(x_1, y_1)を結ぶ線分の傾きは$\frac{y_1}{x_1}$で求められますね。(x_1, y_1)はプログラム4-5の9～10行目で、傾きa_1は15行目で計算しています。14行目は円の中心$(0, 0)$と(x_1, y_1)を線でつなぐ命令です。

　接線は円の中心と接点を結ぶ線分と直交するので、直線の垂直条件より接線の傾きa_2は$-\frac{1}{a_1}$です（18行目）。傾きと接点の座標がわかったので、これらを

$$y = a(x - x_1) + y_1 \quad \text{── 第3章の式❸（再掲）}^{*10}$$

に代入すれば接線を表す式が求められます（20行目）。21～23行目は、この式を使って接線を描画する処理です。プログラムを実行して確認しましょう（図4-13）。

図4-13　プログラム4-5の実行結果

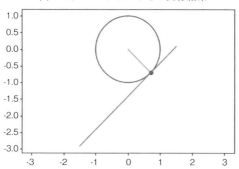

　なお、円周上の1点（接点）をどこにするか、それを決めているのはプログラム4-5の8行目です。変数thに代入する値は、x軸の正方向を起点に反時計回りの角度です（図4-14）。値を変えるとどうなるか、確認してみましょう。

図4-14　円周上の1点を指定する

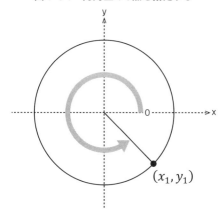

コラム　三角比を使って円を描く

　直角三角形で直角以外の1つの角θの大きさを決めると、三角形の形が決まります。別の言い方をすると、角θの大きさによって直角三角形を構成する3つの辺の長さの比が決まるということです。

図4-15のように、3辺の長さをそれぞれa、b、cとします。このとき$a:c$、$b:c$、$a:b$には書き方の決まりを用意しようということでできたのが$\sin\theta$、$\cos\theta$、$\tan\theta$と書く方法[11]で、これを「三角比」と言います。表4-1は主な三角比です。このように角θの大きさが決まれば2辺の比が1つに決まることから、これらを「三角関数」と呼ぶこともあります。

図4-15　三角比

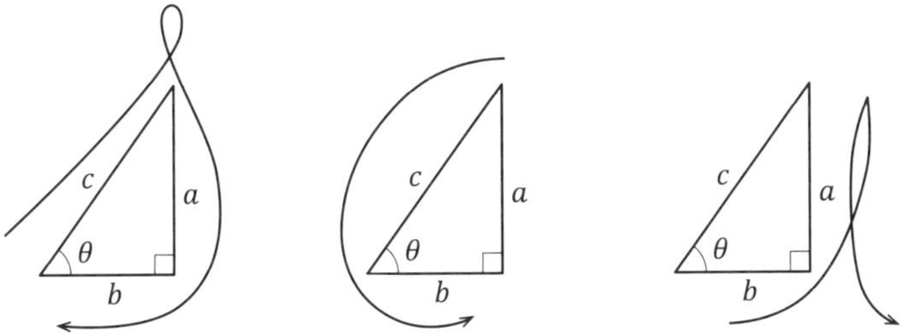

$$\sin\theta = \frac{a}{c} \qquad \cos\theta = \frac{b}{c} \qquad \tan\theta = \frac{a}{b}$$

表4-1　三角関数表（抜粋）

角度	sin	cos	tan
0°	0	1	0
30°	0.5	0.866	0.5774
45°	0.7071	0.7071	1
60°	0.866	0.5	17321
90°	1	0	—

＊11　角θと辺の関係は、図4-15に示した一筆書きで覚えるとよいでしょう。

　三角比を利用すると長さや角度など、いろいろなことがわかるのですが、ここでは円を描く方法を紹介しましょう。図4-16は、座標原点を中心とする半径1の円[12]です。円周上の点P(x, y)と円の中心を結ぶ線分（図4-16の実線）とx軸が作る角をθとすると、

$$\cos\theta = \frac{x}{1} \qquad \sin\theta = \frac{y}{1}$$

ですね。これを変形すると、点Pの座標は$(\cos\theta, \sin\theta)$で表すことができます[*13]。この考え方をもとに円を描いてみましょう。角θの大きさを$0 \sim 359°$の範囲で1°ずつ変えながら、そのつど点Pの座標を求めます。そうして算出した360個の点を順に線でつなぐと半径1の円を描画できるはずです。これを手で計算するのは大変なので、代わりにプログラム4-5にやってもらいました。

[*12]　これを「単位円」と言います。
[*13]　θが0度、90度、180度、270度のときは、直角三角形が成り立たないので3つの辺の比から座標は求められません。これを$(\cos\theta, \sin\theta)$と定義することで、角θの大きさに制限されずに座標を定義できます。

図4-16　三角比と円

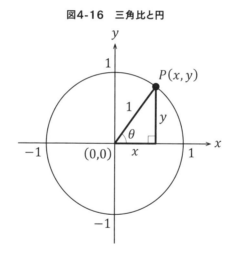

この処理を、プログラム4-5では2〜5行目で行っています。

```
2. th = np.arange(0, 360)          # 0 〜 359°
3. x = np.cos(np.radians(th))      # x座標
4. y = np.sin(np.radians(th))      # y座標
5. plt.plot(x, y)                  # 円を描画
```

3行目と4行目のsin()、cos()はNumPyモジュールに定義されている命令で、角θに対応するsin、cosの値を取得する関数です。これらの関数を使う

とき、引数として指定する角度は45°や60°のような度数法ではなく「ラジアン」という弧度法の単位で指定しなければなりません。その変換を行っているのがNumPyモジュールのradians()です。

なお、弧度法とは弧の長さで角度を表す方法です（図4-17）[14]。

図4-17　角度と弧の長さの関係

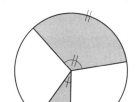

この図を見ると、たしかに扇形の弧の長さは中心角の大きさに比例しますね。半径rの円の円周は$2\pi r$です。つまり360°を弧度法に変換すると2πラジアンになります。角度が45°のときは

$$360 : 2\pi = 45 : x$$

という比例式が成立するので、これをxについて解くと

$$360x = 90\pi$$

$$x = \frac{1}{4}\pi$$

となり、45°は$\frac{1}{4}\pi$ラジアンであることがわかります。

---

[14] もう少し正確に説明すると、弧度法とは円弧の長さ（l）と円の半径（r）の比で角度（θ）を表す方法です。式で表すと$\theta = \frac{l}{r}$です。

7 どこまでも交わらない2直線

　図4-18の実線で表した2つの直線は、どちらも点線に直角に交わる直線です。どこまで伸ばしても2つの実線が交わることは決してありません。この状態を「平行」と言います。

図4-18　点線に直交する直線

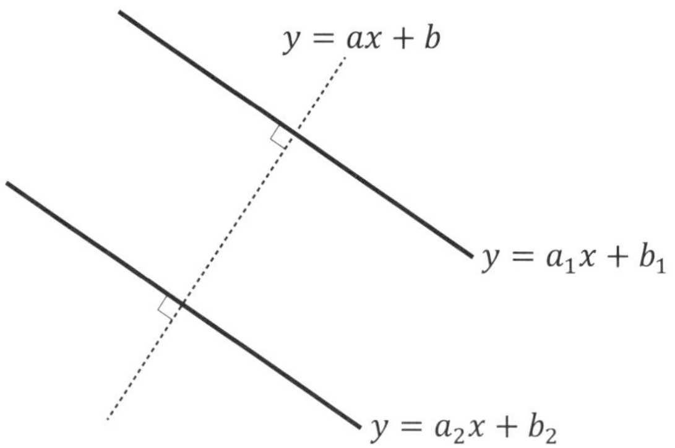

$$y = ax + b$$
$$y = a_1 x + b_1$$
$$y = a_2 x + b_2$$

　点線の傾きをaとすると、直線の垂直条件より実線の傾き（図4-18のa_1、a_2）はどちらも$-\frac{1}{a}$ですね。2つの直線が$y = a_1 x + b_1$と$y = a_2 x + b_2$で表されるとき、

$$a_1 = a_2 \quad \text{―― 式❹}$$

であれば、その2直線は平行です。これを直線の「平行条件」と言います。

　これまでに「直線を移動すると……」というような説明[*15]を何度かしてきましたが、場所が変わるだけで直線の傾きはそのままだと、当然のように思っていたでしょう？　直線を移動したときに変わるのは切片の値だけです（図4-19）。これらの話は第2章「8 直線の位置を決めるもの」、「9 直線を表す式」でも説明しているので参照してください。

図4-19　直線を移動すると…

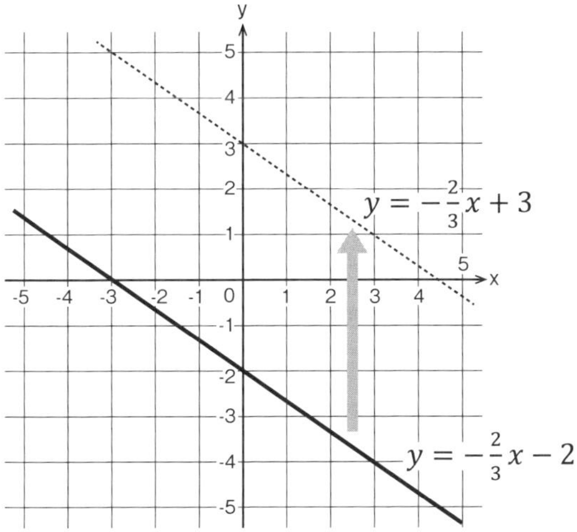

$$y = -\frac{2}{3}x + 3$$

$$y = -\frac{2}{3}x - 2$$

＊15　この章の「22 直線が直交するときに成り立つ法則」を参照してください。

コラム 円の接線の性質

　この章の「6 円に接する線」で、接線には「円の中心と接点を結ぶ半径と直交する」という性質があるという話をしました。図4-20のように半径と直交して円を通過する直線ABを描いて、それを点Pの方向に移動すると、たしかに点Pに接する直線と半径のなす角は直角で間違いありませんね。

図4-20　円の中心と接点を結ぶ線分に直交する直線を移動すると…

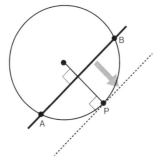

第5章
点と直線の距離

「定規とコンパスを使って、この紙に直角三角形を描いてください」と言われたらどうしますか？　分度器や三角定規があれば直角を描くのは簡単ですが、これらの道具がなくても「ピタゴラスの定理」さえ知っていれば正確に直角を作ることができます。この章では、直角がキーワード。直角をもとに「距離」を考えていくことにします。

1 ピタゴラスの定理

　ピタゴラスの定理[*1]とは、「直角三角形の斜辺の長さの2乗は、残りの2辺の長さを2乗して足したものと等しい」という定理で、直角三角形の斜辺の長さをc、残りの2辺の長さをa、bとすると、

$$c^2 = a^2 + b^2 \quad \text{—— 式❶}$$

で表すことができます（図5-1）。おそらく多くの人がこの定理のことを覚えていると思いますが、丸暗記という人も多いのでは？　どうして式❶が成立するのか、考えたことはありますか？

図5-1　直角三角形の例

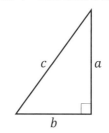

*1 「三平方の定理」とも言います。ちなみに「平方」は、ある数を2回掛け合わせること、つまり2乗と同じ意味です。

　図5-2は、図5-1と同じ直角三角形を4つ組み合わせて作った図形です。一番外側の正方形の面積Sは

$$S = (a + b)^2 \quad \text{——①}$$

で間違いありませんね。

図5-2　ピタゴラスの定理の証明

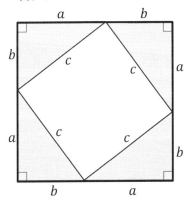

また、この正方形は4つの直角三角形と内側の白い正方形でできています。この直角三角形の面積をs_1、白い正方形の面積をs_2とすると

$$S = s_1 \times 4 + s_2 \quad \text{——②}$$

です。s_1、s_2それぞれの面積は

$$s_1 = \frac{1}{2}ab$$

$$s_2 = c^2$$

で求められるので、これらを②に代入すると

$$S = \frac{1}{2}ab \times 4 + c^2 = 2ab + c^2 \quad \text{——③}$$

になります。①と③は一番外側の正方形の面積Sであり、その値は等しいので、

$$(a + b)^2 = 2ab + c^2$$

が成立します。この式を展開して整理すると

$$a^2 + 2ab + b^2 = 2ab + c^2$$

$$a^2 + b^2 = c^2$$

となり、式❶と同じになりましたね。

コラム 定規とコンパスを使って直角三角形を描く

まず、3cmの長さの線分ABを描きます。次にコンパスを5cmにセットして、点Aを中心に半径5cmの弧を描きます。同じように、点Bを中心に半径4cmの弧

を描きます。2つの弧の交点と点A、Bを結ぶと、直角三角形の出来上がりです（図5-3）。

図5-3　直角三角形の作図

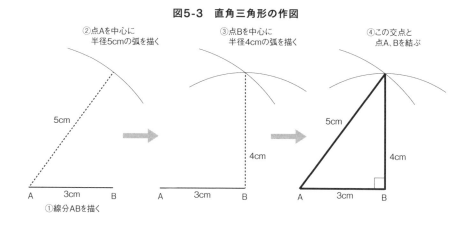

②点Aを中心に半径5cmの弧を描く

③点Bを中心に半径4cmの弧を描く

④この交点と点A、Bを結ぶ

5cm

3cm

A　　B

①線分ABを描く

4cm

3cm

A　　B

5cm

4cm

3cm

A　　B

　ここで使った「3、4、5」のほかにも「5、12、13」、「7、24、25」のように、$a^2 + b^2 = c^2$を満たす自然数[*2]の組はいろいろあります。これを「ピタゴラス数」と言います。

━━

＊2　1、2、3…の正の整数です。ここでは0は含めないことにします。

2 2点間の距離

　ピタゴラスの定理は、直角を作るためだけのものではありません。たとえば、図5-4の線分ABの長さを求めるときにも利用できます。くわしく見ていきましょう。

図5-4　線分ABの長さを測るには？

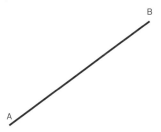

図5-5は図5-4の線分ABに座標軸を重ねた様子です。点Aを通ってx軸に平行な直線と、点Bを通ってy軸に平行な直線を引くと直角三角形ができます。この三角形の直角をはさむ2辺の長さは、座標から求めることができますね。

図5-5　線分ABを斜辺とする直角三角形

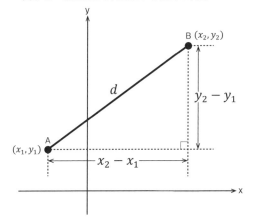

ここで点Aの座標を(x_1, y_1)、点Bの座標を(x_2, y_2)とすると、点Aから点Bまでのx方向の長さは$x_2 - x_1$、y方向の長さは$y_2 - y_1$です。線分ABはこの直角三角形の斜辺になるので、この長さをdとするとピタゴラスの定理より

$$d^2 = (x_2 - x_1)^2 + (y_2 - y_1)^2$$

という式で表せます。線分ABの長さは必ず正の数になるので、平方根をとると

$$d = \sqrt{(x_2 - x_1)^2 + (y_2 - y_1)^2} \quad\text{—— 式❷}$$

となります。この式❷で、与えられた2点間の距離を求めることができます。

プログラム5-1のdist_p2p()は、式❷を使って定義した2点間の距離を求める

関数です。4つの引数は先頭から順番に1点目のx座標、y座標、2点目のx座標、y座標です。平方根の計算にはMathモジュールに定義されているsqrt()を使います。必ず最初にモジュールをインポートしてください。

プログラム5-1　2点間の距離を求める関数

```
1. import math
2.
3. def dist_p2p(x1, y1, x2, y2):
4.     return math.sqrt((x2-x1)**2 + (y2-y1)**2)
```

　プログラム5-1を実行すると、以降のセルでdist_p2p()が利用できるようになります。ためしに、(-1, -1)と(5, 7)の2点間の距離を求めてみましょう。

```
In [2] :    d = dist_p2p(-1, -1, 5, 7)
            d


   Out     [2] :10.0
```

　結果は「10.0」でした。「正しいの?」と思った人は、図5-6を見ながらちょっと考えてください。ヒントはピタゴラス数[*3]です。最も有名なピタゴラス数は「3、4、5」でしょう。この組み合わせのそれぞれ自然数倍も、必ずピタゴラス数になります。

図5-6 (-1, -1)と(5, 7)を結ぶ線分を斜辺とする直角三角形

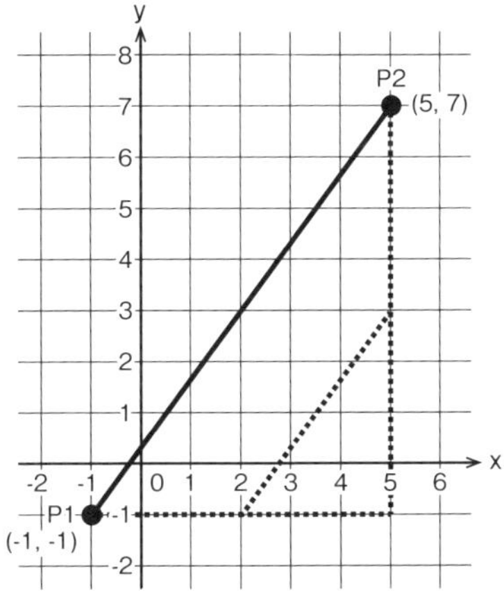

*3 前節のコラム「定規とコンパスを使って直角三角形を描く」を参照してください。

<hr>

Python Tips 関数に座標を渡す

　「座標は(x, y)のように表記するんだから、2点間の距離を求めるときもx座標とy座標を（　）で囲んで

```
d = dist_p2p((-1, -1), (5, 7))
```

のように渡したい！」と思う人もいるでしょう。そのときは、dist_p2p()をプログラム5-2のように定義しましょう。

プログラム5-2　dist_p2p()に座標を渡す（プログラム5-1改良版）

```
1. def dist_p2p(p1, p2):
2.     return math.sqrt((p2[0]-p1[0])**2 + (p2[1]-p1[1])**2)
```

　引数のp1とp2は2点の座標です。それぞれ値を2つずつ受け取って、最初の値をx座標、2番目をy座標として計算に使うことにします。この約束事に従うとき、1点目のx座標はp1[0]、y座標はp1[1]、2点目のx座標はp2[0]、y座標はp2[1]で参照します。

この関数を呼び出すときは、

```
d = dist_p2p((-1, -1), (5, 7))
```

のように2点の座標を（　）で囲んでください。これはPythonの「タプル」という
データ型です。タプル型は、この例のx座標とy座標の組み合わせのように、同
じ数値でも意味合いの異なる値を管理するときに使うと便利です。

コラム 2点間の距離と当たり判定

スマートフォンでゲームをしている場面を想像してください。画面上部にはゲー
ムキャラクター、下部にはボールが表示されています。キャラクターに狙いを定め
てボールをフリックすると……。キャラクターにボールが命中したかどうかで、この
あとの展開が変わることは想像できますね。

ゲームプログラミングの世界では物体同士が接触しているかどうかを調べるこ
とを「当たり判定」や「衝突判定」と言いますが、この判定に欠かせないのが2
点間の距離です。距離がどう判定にかかわるのか、その仕組みを簡単に説明し
ましょう。

図5-7では、当たり判定用にキャラクターを円で囲みました。するとボールと
キャラクターが衝突した瞬間、2つの円は接した状態になりますね（図5-7中央）。

図5-7　衝突したかどうかを判定する

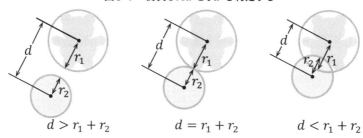

$$d > r_1 + r_2 \qquad d = r_1 + r_2 \qquad d < r_1 + r_2$$

キャラクターを囲む円の半径をr_1、ボールの半径をr_2、2つの円の中心を結ぶ
線分の長さをdとすると、衝突した瞬間は

$$d = r_1 + r_2$$

です。もしも

$$d < r_1 + r_2$$

であれば、ボールとキャラクターがぶつかった衝撃で一体化した状態（図5-7右）、反対に

$$d > r_1 + r_2$$

であれば、ボールとキャラクターは離れている状態です。

　ここでキャラクターを囲む円の中心の座標を(x_1, y_1)、ボールの中心の座標を(x_2, y_2)とすると、この2点間の距離は前節の式❷で求められるので、

$$\sqrt{(x_2 - x_1)^2 + (y_2 - y_1)^2} \, と \, r_1 + r_2$$

の大小を比べることで当たり判定ができます。つまり、

$$\sqrt{(x_2 - x_1)^2 + (y_2 - y_1)^2} \leqq r_1 + r_2$$

この式が成立するとき、2つの円は衝突している、つまりボールとキャラクターはぶつかったと判定できます。

3 原点と直線の距離

　今度は、離れた位置にある点と直線の距離を測ってみましょう。あなたならどこを測りますか？　直線上のどこを使って測るかで距離が変わってしまう可能性がありますね。それではちょっと困ります。

　点と直線の距離は、点から直線に下した垂線の長さと定義されています（図5-8）。これにより値がひとつに定まります。

図5-8　点と直線の距離

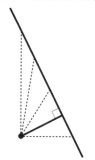

　まずは原点と直線の距離を見ていきましょう。図5-9は、距離を測りやすいように図5-8の点を原点に移動したものです。

図5-9　原点と直線の距離

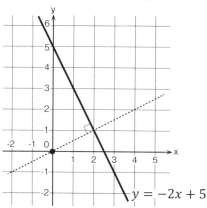

$$y = -2x + 5$$

　グラフから読み取ると、直線（実線）の式は

$$y = -2x + 5$$

です。求める長さは原点からこの直線までの距離、つまり原点を通ってこの直線に垂直に交わる線（点線）を引いて、できた交点[4]と原点との距離です。

＊4　この交点のことを「垂線の足」と言います。

まず、垂線の傾きから求めましょう。直線の垂直条件（$a_1 a_2 = -1$）[*5]より、これは$\frac{1}{2}$です。また、この垂線は原点を通るのですから、切片は0です。つまり$y = -2x + 5$の直線に垂直に交わる直線の式は

$$y = \frac{1}{2}x$$

です。

*5　第4章「3 直線の垂直条件」を参照してください。

この2つの直線の式を連立方程式として解くと、交点が求められる[*6]のでしたね。これにはSymPyモジュールを利用しましょう（プログラム5-3）。

プログラム5-3　2直線の交点を求める

第5章

点と直線の距離

```
 1. import sympy as sp
 2. sp.init_printing()
 3.
 4. # 記号と式を定義
 5. x, y = sp.symbols('x, y')
 6. expr1 = sp.Eq(y, -2*x+5)      # y = -2x + 5
 7. expr2 = sp.Eq(y, 1/2*x)       # y = 1/2 x
 8.
 9. # 連立方程式を解く
10. p = sp.solve([expr1, expr2])
11. p
```

*6　第3章「5.2 直線の交点」を参照してください。

プログラム5-3を実行すると連立方程式の解、つまり交点の座標が次のように表示されます。

$$\{x: 2.0, y: 1.0\}$$

{ }はPythonのディクショナリ型を表すので、それぞれの値はキーを使ってp[x]、p[y]で参照できます。

さて、交点の座標がわかれば、あとは2点間の距離を求める式❷を使って原点までの距離を求めるだけです。これにはプログラム5-2で定義したdist_p2p()を利用しましょう。プログラム5-2、プログラム5-3を実行したうえで次の命令を実行すると、答え[*7]が表示されます。

```
In [6] :  d = dist_p2p((0, 0), (p[x], p[y]))
          d
          Out [6] :    2.23606797749979
```

* 7　2.23606797749979 は$\sqrt{5}$（$=\sqrt{2^2 + 1^2}$、5の平方根の正の値）を小数点第15位で四捨五入した値です。

4 点と直線の距離

前節では原点と直線の距離を求めましたが、原点以外の点からの距離も同じ手順で求めることができます。ここで改めて手順と方法を確認しておきましょう。

手順1　**与えられた直線$y = a_1 x + b$に垂直に交わる直線の傾きa_2を求める**
　　　これは直線の垂線条件[*8]を使って求められます。
　　　$a_1 a_2 = -1$　——　第4章の式❶（再掲）

手順2　**与えられた点(x_1, y_1)を通って直線に垂直に交わる直線の式を求める**
　　　これは(x_1, y_1)を通って傾きa_2の直線を求める公式[*9]で求められます。
　　　$y = a_2(x - x_1) + y_1$　——　第3章の式❸（再掲）

手順3　**与えられた点から直線に下した垂線の足(x_2, y_2)を求める**
　　　垂線の足とは、点から直線に下した垂線が直線と交わる点です。これは2つの直線の式を連立方程式として解くと求められます。

手順4　**与えられた点(x_1, y_1)と垂線の足(x_2, y_2)との距離を求める**
　　　これは2点間の距離を求める公式が使えます。
　　　$d = \sqrt{(x_2 - x_1)^2 + (y_2 - y_1)^2}$　——式❷（再掲）

プログラム5-4は、図5-10の点$(1,6)$と直線$y = \frac{2}{3}x + 1$の距離を求めるプログラムです。点から直線に下した垂線の傾きは、垂直条件より$-\frac{3}{2}$とわかるので、上記の手順2以降の計算をプログラミングしました。

図5-10 　点(1,6)と直線$y = \frac{2}{3}x + 1$

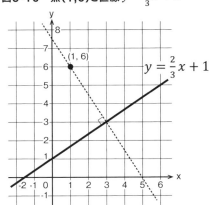

プログラム5-4 　点(1,6)と直線$y = \frac{2}{3}x + 1$の距離

```
1. # (2) 垂線の式
2. x = sp.Symbol('x')
3. ex = -3/2*(x-1)+6
4. display(ex)
5.
6. # (3) 2直線の交点
7. y = sp.Symbol('y')
8. expr1 = sp.Eq(y, 2/3*x+1)
9. expr2 = sp.Eq(y, ex)
10. p = sp.solve([expr1, expr2])
11. display(p)
12.
13. # (4) 点と直線の距離
```

```
14. d = dist_p2p((1, 6), (p[x], p[y]))
15. d
```

3行目で点$(1, 6)$を通って直線$y = \frac{2}{3}x + 1$に直交する直線の式を求めて、変数exに代入しています。8行目は与えられた直線の式、9行目は3行目で求めた垂線の式、10行目は2つの式を連立方程式として解く命令です。これで交点の座標が求められました。方程式の解はpに代入されるので、14行目のように引数を設定すると点$(1, 6)$と交点までの長さを求めることができます。

14行目に記述した、2点間の距離を求めるdist_p2p()は、プログラム5-2で定義した関数を使っています。

このプログラムを実行すると、次のように値が3つ表示されます。

$$7.5 - 1.5x$$
$$\{x: 3.0, y: 3.0\}$$
$$3.605551275463989$$

最初の式は変数exの値、つまり点から直線に下した垂線の式です（プログラム5-4の3行目）。実数で表示されていますが、これを分数に直すと垂線の式は$y = -\frac{3}{2}x + \frac{15}{2}$になります。2番目は垂線と直線の交点の座標、3番目が点と直線の距離[*10]です。

[*10] 3.605551275463989は$\sqrt{13}$（$= \sqrt{3^2 + 2^2}$、13の平方根の正の値）を小数点第15位で四捨五入した値です。

5 点と直線の距離の公式

点と直線の距離は、与えられた点から直線に下した垂線の足の座標がわかれば求められます。前節に示した手順に沿って計算すればよいのですが、手間がかかって大変ですね。そこで便利な公式の登場です。

第3章「1.1 関数と方程式」のコラムで、直線の式は$y = ax + b$のほかに

$$ax + by + c = 0 \,(a \neq 0 または b \neq 0)$$　　　── 第3章の式❷（再掲）

で表すこともできるという話をしました。この直線と点(x_1, y_1)の距離をdとすると、その距離は

$$d = \frac{|ax_1 + by_1 + c|}{\sqrt{a^2 + b^2}} \quad\text{—— 式❸}$$

で求めることができます。複雑な式に見えますが、点から直線に垂線を下して交点の座標を求めて……と順番に計算するよりもはるかに簡単ですね。前節と同じ点と直線を使って、本当に同じ値になるかどうか確認しましょう。

図5-11の直線の式を$ax + by + c = 0$で表すと

$$\frac{2}{3}x - y + 1 = 0$$

になるので$a = \frac{2}{3}$、$b = -1$、$c = 1$です。

図5-11 点(1, 6)と直線$y = \frac{2}{3}x + 1$(再掲)

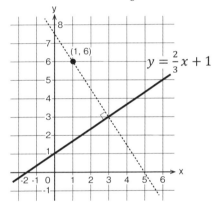

プログラム5-5のdist_p2l()は、この値と点の座標を使って点と直線の距離を求める関数です。dist_p2l()を呼び出すとき、点の座標は(1, 6)のようにタプル型で渡す点に注意してください。このプログラムを実行すると、

3.605551275463989

のようにプログラム5-4の結果と同じ値が表示されます。

プログラム5-5 点と直線の距離の公式

```
1. # 点と直線の距離の公式
```

```
2.  def dist_p2l(p, a, b, c):
3.      return math.fabs(a*p[0]+b*p[1]+c) / math.sqrt(a**2+b**2)
4.
5.  # (1, 6) と y=2/3x+1 の距離
6.  d = dist_p2l((1, 6), 2/3, -1, 1)
7.  d
```

6 三角形の面積

　点と直線の距離がわかれば便利なことがたくさんあります。たとえば図5-12の三角形ABCがあるとき、辺BCを底辺l、点Aから辺BCに下した垂線の足までの長さを高さhとすると、「底辺×高さ×$\frac{1}{2}$」より$\frac{1}{2}lh$で三角形ABCの面積が求められます。高さを計算するには辺BCの直線の式が必要ですが、これは点BとCの座標から求められますね[11]。

＊11　第3章「42　点を通る直線の式」を参照してください。

図5-12　三角形ABC

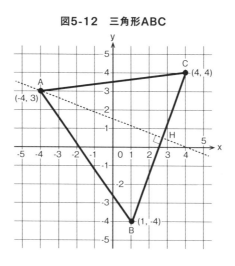

プログラム5-6は、図5-12の三角形の面積を、前述の方針で求めるプログラムです。2点間の距離を求めるdist_p2p()はプログラム5-2、点と直線の距離を求めるdist_p2l()はプログラム5-5でそれぞれ定義した関数です。プログラム5-6を実行する前に、プログラム5-2と5-5を記述したセルをJupyter Notebookで実行しておいてください。

プログラム5-6　三角形ABCの面積

```
 1. # 式で使う記号を定義
 2. a, b = sp.symbols('a, b')          # 傾き a，切片 b
 3. x = sp.symbols('x')                # 未知数 x
 4.
 5. # 辺 BC の長さ（底辺）
 6. l = dist_p2p((1, -4), (4, 4))
 7. print(l)
 8.
 9. # 辺 BC の直線の式（傾きと切片）
10. ex1 = sp.Eq(-4, a*1+b)             # −4 = a + b
11. ex2 = sp.Eq(4, a*4+b)              # 4 = 4a + b
12. ans = sp.solve([ex1, ex2])
13. display(ans[a]*x+ans[b])
14.
15. # 点 A と辺 BC の距離（高さ）
16. h = dist_p2l((-4, 3), ans[a], -1, ans[b])
17. print(h)
18.
19. # 三角形の面積
20. s = 1/2*l*h
21. print(s)
```

　10〜12行目は辺BCの直線の式を求める処理です。$y = ax + b$に点BとCの座標を代入して2つの式を定義し、solve()で連立方程式の解を求めました。ここで得られたans[a]は直線の傾き、ans[b]は切片です。これらを使うと辺BCの式は$y = $ans[a]$x + $ans[b]になります。これを右辺が0になるように整理する

と

$$\text{ans}[a]x - y + \text{ans}[b] = 0$$

です。ここまでくれば点と直線の距離を求める公式が使えますね（16行目）。

図5-13は、プログラム5-6の実行結果です。一番最後に表示された値が三角形ABCの面積[*12]です。

図5-13　プログラム5-6実行結果

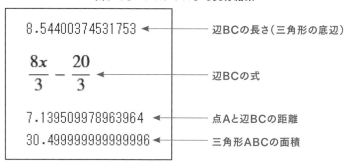

* 12　コンピュータを使って小数点を含んだ計算を行うと、必ず実数誤差が発生します（「第1章 6.1 変数」と「同 6.2 データの種類」を参照してください）。プログラム5-6を実行したあと、新しいセルを追加して round(s, 2) を実行すると、小数点第2位で四捨五入して「30.5」という値が得られます。

7 点と直線の距離の公式の導き方

　点と直線の距離を求めるときは、公式を使うのが簡単で確実な方法です。少し乱暴な言い方ですが、理屈がわからなくても正しく使えれば、答えは出せます。でも、「どうしてこの公式で答えが求められるの？」と気になったなら、このあとの説明をじっくり読んでください。「文字式で説明されるとわかりにくい！」と思うかもしれませんが、具体的な数値を入れてしまうと符号の違いで答えが変わってしまいます。その点、文字式であれば、直線の傾きや点の位置に関わらず、どんな場合でも同じように扱えます。ここは文字式での説明にお付き合いください。ではさっそく見ていきましょう。

　図5-14の点Bと直線Bは、点A(x_1, y_1)と直線Aを、点Aが座標原点に来るよ

うに平行移動したものです。

図5-14　点と直線を原点に移動すると…

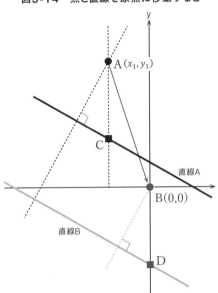

　まず直線Bの式を

$$ax + by + c = 0 \quad \text{——} \; ①$$

としましょう。直線の傾きがわかるように式を変形すると

$$y = -\frac{a}{b}x - \frac{c}{b} \quad \text{——} \; ①'$$

です。点Bから①'の直線Bに下ろした垂線の傾きは、直線の垂直条件より$\frac{b}{a}$、この垂線は原点を通るので切片は0、つまり、この垂線の式は

$$y = \frac{b}{a}x \quad \text{——} \; ②$$

です。それぞれの直線の式がわかったので、交点（原点から直線Bに下した垂線の足の座標）が求められますね。

　②を①に代入すると$ax + b\left(\frac{b}{a}x\right) + c = 0$、この式を整理すると

$$x = -\frac{ac}{a^2 + b^2} \quad \text{——} \; ③$$

のようにx座標が求められます。y座標は③を②に代入して、

$$y = \frac{b}{a}\left(-\frac{ac}{a^2+b^2}\right) = -\frac{bc}{a^2+b^2} \quad\text{——④}$$

です。求めた点と原点との距離はピタゴラスの定理を使って

$$d = \sqrt{\left(-\frac{ac}{a^2+b^2}\right)^2 + \left(-\frac{bc}{a^2+b^2}\right)^2} = \sqrt{\frac{c^2}{a^2+b^2}} = \frac{|c|}{\sqrt{a^2+b^2}} \quad\text{——⑤}$$

これで求められます*¹²。

　今度は直線Aを見ていきましょう。原点(0, 0)が点(x_1, y_1)に移動するので、原点を基準に考えるとx方向の移動量は$-x_1$($= 0 - x_1$)、y方向の移動量は$-y_1$($= 0 - y_1$)です。これを直線Bがy軸と交わる点D$(0, -\frac{c}{b})$に足すと$\left(-x_1, -\frac{c}{b} - y_1\right)$です（図5-14の点C）。直線Aは点Cを通って傾きが直線Bと同じですから、第3章「3 (x,y)を通って傾きがaの直線の式」で説明した公式を利用して

$$y = -\frac{a}{b}\left(x - (-x_1)\right) + \left(-\frac{c}{b} - y_1\right)$$

と表せます。この式から分母をはらって右辺が0になるように整理すると

$$ax + by + (ax_1 + by_1 + c) = 0 \quad\text{——⑥}$$

となり、これが直線Aの式になります。

　さて、いよいよ点(x_1, y_1)と直線Aの距離です。⑥の（　）で囲んだ部分が定数になるので、原点と直線の距離を求める式❸に代入すると、

$$d = \frac{|ax_1+by_1+c|}{\sqrt{a^2+b^2}}$$

となり、点と直線の距離を求める公式になります。図5-15にそれぞれの点と線と式をまとめました。参考にしてみてください。

図5-14　点と直線を原点に移動すると…

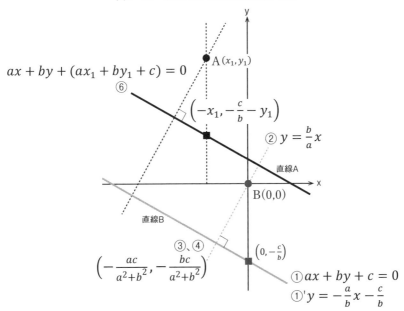

$$ax + by + (ax_1 + by_1 + c) = 0$$
⑥

$$\left(-x_1, -\frac{c}{b} - y_1\right)$$

② $y = \frac{b}{a}x$

直線A

A(x_1, y_1)

B$(0,0)$

直線B

③、④

$$\left(-\frac{ac}{a^2+b^2}, -\frac{bc}{a^2+b^2}\right)$$

$$\left(0, -\frac{c}{b}\right)$$

① $ax + by + c = 0$

①' $y = -\frac{a}{b}x - \frac{c}{b}$

＊12　距離はマイナスにならないので、分子の平方根をとったあとは絶対値にする必要があります。このため、｜　｜で囲んであります。

5

章

点と直線の距離

SymPyを使って数式を整理する

　点と直線の距離を求める公式を導くまでに、たくさんの数式を整理しました。特に直線Bと点線の交点（③、④）や、その交点と原点との距離（⑤）を求めるところは2乗したり平方根をとったりと、手計算では間違えやすいところです。ここはSymPyを活用しましょう。まずは記号の定義です。

```
In [1] :      a, b, c = sp.symbols('a, b, c')
              x = sp.Symbol('x')
```

　次に、直線Bの式$ax + by + c = 0$のyに、原点から直線Bに下ろした垂線の式（$y = \frac{b}{a}x$）を代入してxについて解きましょう。これにより交点のx座標が求められます。結果はリストで返されるので、値はpx[0]で参照してください。

```
In [2] :      px = sp.solve(a*x+b*(b/a*x)+c, x)
              display(px[0])
```

$$\text{Out [2] :} \quad -\frac{ac}{a^2+b^2}$$

　ここで得られたxの値を直線Bに下ろした垂線の式（$y = \frac{b}{a}x$）に代入するとy座標が求められます。

```
In [3] :      py = b/a*px[0]
              display(py)
```

$$\text{Out [3] :} \quad -\frac{bc}{a^2+b^2}$$

　求めた交点と原点の距離はピタゴラスの定理を使って求めますが、このとき平方根にはSymPyのsqrt()を使います。Mathモジュールにもsqrt()がありますが、こちらは数値計算になるので間違わないようにしましょう。

```
In [4] :      d = sp.sqrt((px[0]**2)+(py**2))
              display(d)
```

Out [4] : $\sqrt{\dfrac{a^2c^2}{(a^2+b^2)^2} + \dfrac{b^2c^2}{(a^2+b^2)^2}}$

表示された式を見るとまだまだ複雑なので、simplify()を使って簡略化します。

In [5] : `display(sp.simplify(d))`

Out [5] : $\sqrt{\dfrac{c^2}{a^2+b^2}}$

かなりスッキリしましたね。この式から平方根をとると $\dfrac{|c|}{\sqrt{a^2+b^2}}$ となり、⑤と同じ式になります。

第6章
2点から
等距離にある直線

紙に点が2つ描かれています。「両方の点から等しいところに直線を引いてください」と言われたらどうしますか？　2点の間を通る直線？　それとも2点を結ぶ線分に平行な直線？　いろいろな線が引けそうな気がしますが、実際には2点から等しい距離に点を打っていくと、やがて1本の直線が見えてくるのです。

❶ 2点から等しい距離に点を打つ

　長さを測る道具といえば定規ですが、2つの点から等しい位置に印をつけるのならコンパスが便利です。図6-1は、2点を結ぶ線分の半分の長さよりも少し大きめにコンパスをセットして、線分の両端を中心に円を描いた様子です。さらに、2つの円の交わるところに点を描画しました。この点はいずれも同じ大きさで描いた円の円周上にあるのですから、それぞれの円の中心、つまり線分の両端、そしてそれは最初に示された2つの点から等距離にあることに間違いありませんね。

図6-1　線分の両端を中心に、同じ半径の円を描く

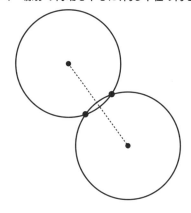

　もう少しコンパスを大きめにセットして同じように線分の両端を中心に円を描き、2つの円の交わるところに点を描画して……という作業を繰り返したものが図6-2です。すると、描画した点が1本の直線上に並んでいる

ように見えます。果たしてこれは本当に直線なのでしょうか？　これが直線ならば、どのような式で表されるのでしょうか？

図6-2　2点から等しい距離に点を打つと…

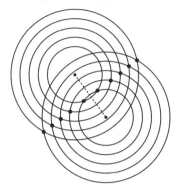

2 2点から等距離にある直線の式

座標平面上の点A (x_1, y_1)、点B (x_2, y_2) から等しい距離にある1つの点Pに注目してみましょう。図6-3のように補助線を引くと、直角三角形が2つ作れます。

図6-3　線分APとBPの長さを求める

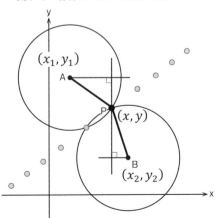

線分AP、BPはそれぞれの直角三角形の斜辺になるので、その長さはピタゴラスの定理よりそれぞれ

$$AP = \sqrt{(x - x_1)^2 + (y - y_1)^2} \quad —— ①$$
$$BP = \sqrt{(x_2 - x)^2 + (y_2 - y)^2} \quad —— ②$$

という式で求められます。

また、点PはAとBから等距離にあるので、$AP = BP$です。もちろん2乗しても等式は成立するので、$AP^2 = BP^2$です。①と②をそれぞれ左右両辺とも2乗して、$AP^2 = BP^2$に代入すると

$$(x - x_1)^2 + (y - y_1)^2 = (x_2 - x)^2 + (y_2 - y)^2 \quad —— 式❶$$

が成立します。この式をyについて解くと、図6-3の点の並び、つまり2点から等距離にある直線の式になります。

本当に式❶で直線が描けるのか、確かめてみましょう。でも、手で数式を整理していくのはかなり手間がかかりそうですね。ここから先は具体的な値を入れたプログラムで見ていくことにしましょう。

プログラム6-1は、点Aの座標を$(1, 6)$、点Bを$(4, 2)$として、2点から等距離にある直線の式を求めるプログラムです。

プログラム6-1　2点から等距離にある直線の式

```
1.  import sympy as sp
2.  sp.init_printing()
3.
4.  # 記号を定義
5.  x, y = sp.symbols('x, y')
6.
7.  # 値を代入
8.  x1 = 1;   y1 = 6    # 点A
9.  x2 = 4;   y2 = 2    # 点B
10.
11. # 式を定義（AP² − BP² = 0）
12. expr = ((x-x1)**2+(y-y1)**2) - ((x2-x)**2+(y2-y)**2)
13. display(expr)
14. display(sp.simplify(expr))
```

```
15.
16.  # 式を y について解く
17.  ans = sp.solve(expr, y)
18.  ans
```

　5行目はプログラム内の数式で使う記号の定義です。プログラム6-1ではxとyの2つを定義しました。式❶にはx_1、y_1、x_2、y_2も含まれていますが、これらには8〜9行目で点AとBの座標を代入しました。

　12行目では式❶を定義しています。
$$((x - x_1)^2 + (y - y_1)^2) - ((x_2 - x)^2 + (y_2 - y)^2) = 0$$
このように右辺が0になるように式を整理してから定義[*1]しました。13〜14行目はこのように定義した式の確認です。13行目は式をそのまま、14行目は簡略化して表示しています。

[*1]　SymPy の Eq() を使って

```
expr = sp.Eq((x-x1)**2+(y-y1)**2, (x2-x)**2+(y2-y)**2)
```

のように、左辺と右辺をカンマ（,）で区切って定義することもできます。この場合は14行目の simplify() を実行したときに左辺と右辺のそれぞれで式が整理されます。

　この式をyについて解くと、2点から等距離にある直線の式が求められます（17行目）。プログラムを実行して確認しましょう。

　図6-4は、プログラム6-1の実行結果です。上から順に定義した式、簡略化した式、そして最後が求める直線の式です。

図6-4　プログラム6-1の実行結果

$$-(2 - y)^2 - (4 - x)^2 + (x - 1)^2 + (y - 6)^2 \quad \longleftarrow \text{定義した式}$$

$$6x - 8y + 17 \quad \longleftarrow \text{簡略化した式}$$

Out[3]: $\left[\dfrac{3x}{4} + \dfrac{17}{8} \right] \quad \longleftarrow \text{求める直線の式}$

Python Tips 1行に複数の命令文を記述する

プログラム6-1の8行目で点Aの座標を変数に代入するときに

```
x1 = 1;  y1 = 6
```

と命令文を2つ並べて記述しました。これは

```
x1 = 1
y1 = 6
```

と行を分けて記述したのと同じ意味です。

　命令文は1行に1つずつ記述するのが一般的ですが、この例のように複数の命令文を1行にまとめた方が読みやすくなることもあります。その場合、命令文の区切りとしてセミコロン (;) が必要です。忘れずに入力してください。

コラム SymPyで定義した数式に値を代入する

　プログラム6-1では、座標 $(x_1、y_1、x_2、y_2)$ に具体的な数値を代入してから式を定義しました。もちろん座標に数値を代入する代わりに、座標の記号を定義しておけば、一般的な式を導くこともできます。プログラム6-2では、3〜4行目で座標を記号として定義し、15行目で値を代入するするようにしました。値を代入する前に定義した式をyについて解くと、一般的な形で直線の式を得ることができます (11〜12行目)。図6-5は、プログラム6-2の実行結果です。

プログラム6-2　2点から等距離にある直線の式 (一般形)

```
1.  # 記号を定義
2.  x, y = sp.symbols('x, y')
3.  x1, y1 = sp.symbols('x1, y1')    # 点 A
```

```
 4.  x2, y2 = sp.symbols('x2, y2')    # 点 B
 5.
 6.  # 式を定義（AP² − BP² = 0）
 7.  expr = ((x-x1)**2+(y-y1)**2) - ((x2-x)**2+(y2-y)**2)
 8.  display(expr)
 9.
10.  # 式を y について解く
11.  ans = sp.solve(expr, y)
12.  display(ans)
13.
14.  # 式に値を代入して expr を上書き
15.  expr = expr.subs({x1:1, y1:6, x2:4, y2:2})
16.  display(expr)
17.
18.  # 式を y について解く
19.  ans = sp.solve(expr, y)
20.  ans
```

図6-5　プログラム6-2の実行結果

$-(-x + x_2)^2 + (x - x_1)^2 - (-y + y_2)^2 + (y - y_1)^2$ ◀━定義した式

$$\left[\frac{y_1^2 - y_2^2 + (x - x_1)^2 - (x - x_2)^2}{2(y_1 - y_2)} \right]$$ ◀━━━━2点から等距離にある直線の式

$-(2 - y)^2 - (4 - x)^2 + (x - 1)^2 + (y - 6)^2$ ◀━━━座標を代入した後の式

Out[6]: $\left[\dfrac{3x}{4} + \dfrac{17}{8} \right]$ ◀━━━━(1,6)(4,2)から等距離にある直線の式

❸ 2点から等距離にある直線を描く

前節で$(1, 6)$、$(4, 2)$の2点から等距離にある直線の式は、$y = \frac{3}{4}x + \frac{17}{8}$と求められました。しかし、実際にこの式をもとに直線を描いてみなければ本当かどうかわかりませんね。Matplotlib.Pyplotモジュールを使って、点とグラフを描いてみましょう。グラフの描き方を忘れてしまった人は、第2章に戻って確認してください。

プログラム6-3は与えられた2点と、その2点から等距離にある直線のグラフを描画するプログラムです。このプログラムを実行すると、図6-6が表示されます。コンパスで作図したもの（図6-2）と同じような直線になることを確かめられましたか？

プログラム6-3　(1, 6)、(4, 2)から等距離にある直線のグラフ

```
 1.  %matplotlib inline
 2.  import matplotlib.pyplot as plt
 3.  import numpy as np
 4.
 5.  # (1, 6)、(4, 2) から等距離にある直線の式
 6.  def func(x):
 7.      return 3/4*x + 17/8    # y = 3/4 x + 17/8
 8.
 9.  # x, y の値
10.  x = np.arange(-2, 10)
11.  y = func(x)
12.
13.  # 描画
14.  plt.scatter(1, 6)   # 点A
15.  plt.scatter(4, 2)   # 点B
16.  plt.plot(x, y, marker='o') # 2点から等距離にある直線
17.  plt.show()
```

図6-6　プログラム6-3の実行結果

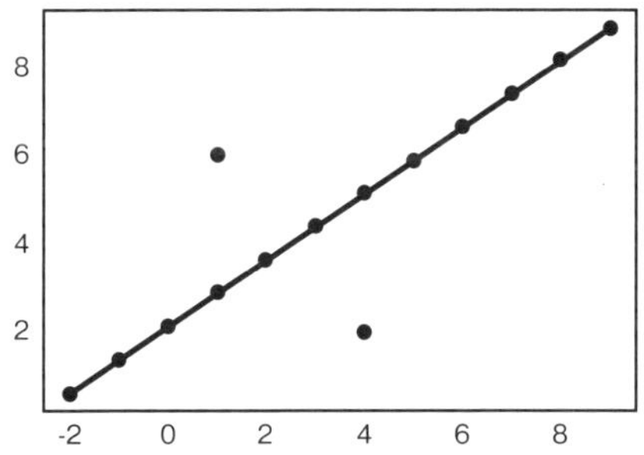

‖‖

`Python Tips` グラフの見た目を変更する

　プログラム6-3の16行目をみてください。ここではグラフを描画するときに、

```
plt.plot(x, y, marker='o')
```

のようにmarkerオプションを指定しました。このオプションを指定すると、図6-6のようにx、yの位置に「●」を表示することができます。ほかにも表6-1に示す文字をマーカーとして指定できるので試してみてください。

表6-1　マーカーとして使用できる主な文字

marker	表示される記号
'o'	●
's'	■
'^'	▲
'x'	×
'+'	＋
'*'	★

　引数を記述するときに「marker=」を省略して

```
plt.plot(x, y, 'o')
```

のように文字だけを指定した場合は、マーカーだけが表示されます（図

6-7)。点を結ぶ線は描画されません。

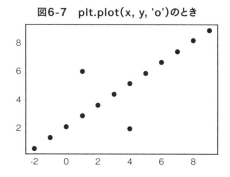

図6-7　plt.plot(x, y, 'o')のとき

　なお、点やグラフの色はMatplotlibが自動的に変更します。自分で色を指定したい場合は、colorオプションを使用してください。たとえば、次のように引数を設定すると2つの点は赤色、直線は黒色で描画されます。

```
14. plt.scatter(1, 6, color='r')
15. plt.scatter(4, 2, color='r')
16. plt.plot(x, y, marker='o', color='k')
```

　表6-2はcolorオプションに指定できる主な色です。'y'、'm'、'c' と 'yellow'、'magenta'、'cyan' とでは定義されている色が異なります。実際に実行して確認してください。

表6-2　colorオプションで指定できる主な色

1文字で指定	'r'、'g'、'b'、'y'、'm'、'c'、'k'、'w'
色の名前で指定	'red'、'green'、'blue'、'yellow'、'magenta'、'cyan'、'black'、'white'

4 任意の線分の垂直二等分線

　線分の中点を通って、その線分に直角に交わる直線を「垂直二等分線」と言います。「垂直」と「二等分」を同時にというと難しそうに思うかもし

れませんが、垂直二等分線はコンパスを使って簡単に引くことができます。

　まず、線分の長さの半分よりも少し大きめにコンパスをセットして、線分の両端を中心に弧を描いてください。2つの弧が交わる点を結べば、それが垂直二等分線になります（図6-8）。

図6-8　垂直二等分線の作図

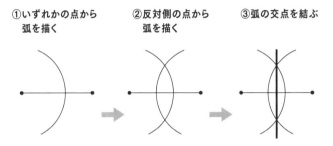

①いずれかの点から弧を描く　②反対側の点から弧を描く　③弧の交点を結ぶ

　ポイントは最初にコンパスをセットするときの大きさです。線分の長さの半分よりも小さければ弧は交わりませんし、線分の長さの半分と等しいときは2つの弧が1点で接してしまいます。2つの弧が交わるならば、コンパスはどんな大きさにセットしてもかまいません。

　さて、ここまでくると何か気がつきませんか？　そうです、この章の最初に説明した作図方法と同じですね（図6-9）。

図6-9　2つの円周の交点に点を打つと…

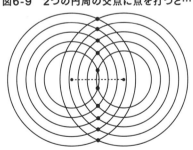

　実は、2点から等距離にある直線と垂直二等分線は同じものです。ということは、次の手順でも2点から等距離にある直線の式が求められます[*2]。

手順1　与えられた2点を結ぶ線分の中点を求める

これは線分を1:1に内分する点[*3]になるので、次の式で求められます。

$$\left(\frac{x_1+x_2}{2}, \frac{y_1+y_2}{2}\right) \quad\text{── 第4章式❸（再掲）}$$

手順2　与えられた2点を通る直線の傾きを求める

これは変化の割合[*4]ですから、次の式で求められます。

$$\text{変化の割合} = \frac{y\text{の増加分}}{x\text{の増加分}} \quad\text{── 第2章式❷（再掲）}$$

手順3　求めた傾きに直交する直線の傾きを求める

これは直線の垂直条件[*5]を使って求められます。

$$a_1 a_2 = -1 \quad\text{── 第4章式❶（再掲）}$$

手順4　中点を通って、手順3で求めた傾きの直線の式を求める

これは次の式で求められます。

$$y = a(x - x_1) + y_1 \quad\text{── 第3章式❸（再掲）}[*6]$$

[*2]　くわしくは第4章「5 垂直二等分線の式」を参照してください。
[*3]　第4章「4 直線と線分」のコラム「線分を$m:n$に分ける点の座標」を参照してください。
[*4]　第2章「5 直線の傾きを決めるもの」を参照してください。
[*5]　第4章「3 直線の垂直条件」を参照してください。
[*6]　第3章「3.2 公式を利用する」を参照してください。

　たとえば、$(1, 6)$ と $(4, 2)$ を結ぶ線分の垂直二等分線を求めてみましょう。

この2点の中点は $\left(\frac{1+4}{2}, \frac{6+2}{2}\right) = \left(\frac{5}{2}, 4\right)$。この線分の傾きは $\frac{2-6}{4-1} = -\frac{4}{3}$ なので、

この線分に直交する直線の傾きは $\frac{3}{4}$ です。つまり、求める直線は中点 $\left(\frac{5}{2}, 4\right)$

を通って傾きが $\frac{3}{4}$ ですから、手順4の式に代入すると

$$y = \frac{3}{4}\left(x - \frac{5}{2}\right) + 4$$

となります。この式を整理すると

$$y = \frac{3}{4}x + \frac{17}{8}$$

です。この章の「2 2点から等距離にある直線の式」で求めた式と同じですね。

5 3点から等しい距離にある点

　ここまでのところで、任意の線分の垂直二等分線上にある点はもとの線分の両端と等しい距離にあることがわかりました。別の言い方をすると、垂直二等分線上の点を中心に、線分のいずれかの端（点A）を通るように円を描くと、線分の反対側の端（点B）も必ず円周上にあるということです（図6-10）。

図6-10　垂直二等分線上の点を中心に円を描く

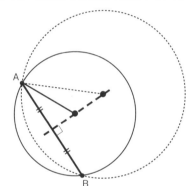

　では、点をもう1つ増やしてみましょう。点が3つあれば、3点が一直線上に並ばない限り、必ず三角形が描けますね。図6-11は、その三角形の各辺に垂直二等分線を引いた様子です。すると、3つの垂直二等分線は必ずどこか1点で交わります。それが何か、思い出した人もいるかもしれませんね。2つの点が3つの点になっても、これまでに見てきた考え方や数式で、どこで交わるのかは導けます。

図6-11　3辺の垂直二等分線を引くと……

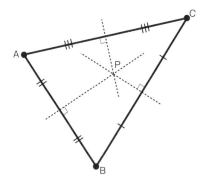

　交点Pは辺ABの垂直二等分線上の点ですから、Pを中心に点Aを通るよう円を描いたとき、その円周上に点Bもあることは図6-10で確認済みです。また、同様にPは辺BCの垂直二等分線上の点ですから、同様にPを中心に描いた円の円周上にBとCもあるはずです。AとB、BとCが同じ円周上にある——。つまり、交点Pは3点から等しい距離にあるということです。

　2点から等しい距離にある点を集めると直線になりますが、3点から等しい距離となると、それは1点しかありません。なお、この点を「外心」と言い、外心を中心に描いた円を「外接円」と言います（図6-12）。

図6-12　外心と外接円

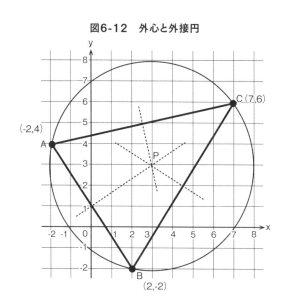

プログラム6-4は、図6-12の3点を使って本当に円が描けるかどうかを確認するプログラムです。取り扱う点が2つから3つになったので、これまで見てきたプログラムよりは少し長くなりました。でも、円を描画するところ（46〜48行目）以外はこれまでに作ったプログラムの組み合わせなので、難しくなったわけではありません。安心してください。

プログラム6-4　3点から等距離にある点と外接円

```python
1.  import math
2.
3.  # 数式で使う文字の定義
4.  x, y = sp.symbols('x, y')
5.
6.  # 垂直二等分線の式
7.  def perp_bisector(p1, p2):
8.      ex = ((x-p1[0])**2+(y-p1[1])**2) - ((p2[0]-x)**2+(p2[1]-y)**2)
9.      ex = sp.solve(ex, y)
10.     return sp.Eq(y, ex[0])
11.
12. # 2点間の距離
13. def dist_p2p(p1, p2):
14.     return math.sqrt((p2[0]-p1[0])**2 + (p2[1]-p1[1])**2)
15.
16. #-----------
17.
18. # 3点の座標
19. x1 = -2;  y1 = 4    # 点A
20. x2 = 2;   y2 = -2   # 点B
21. x3 = 7;   y3 = 6    # 点C
22.
23. # 線分 AB の垂直二等分線の式
24. expr1 = perp_bisector((x1, y1), (x2, y2))
25. display(expr1)
26.
```

```
27.  # 線分 BC の垂直二等分線の式
28.  expr2 = perp_bisector((x2, y2), (x3, y3))
29.  display(expr2)
30.
31.  # 垂直二等分線の交点 P
32.  p = sp.solve([expr1, expr2])
33.  display(p)
34.
35.  # 点 A と P の距離
36.  r = dist_p2p((x1, y1), (p[x], p[y]))
37.  display(r)
38.
39.  # 点を描画
40.  plt.scatter(x1, y1, color='k')          # 点 A
41.  plt.scatter(x2, y2, color='k')          # 点 B
42.  plt.scatter(x3, y3, color='k')          # 点 C
43.  plt.scatter(p[x], p[y], color='r')      # 垂直二等分線の交点（円の中心）
44.
45.  # 円を描画
46.  circle = plt.Circle((p[x], p[y]), r, fill=False, ec='r')
47.  ax = plt.gca()
48.  ax.add_patch(circle)
49.
50.  # 縦横比を 1:1 で表示
51.  plt.axis('equal')
52.  plt.show()
```

　4行目は数式の中で使う文字の定義です。今回はx、yの2つを定義しました。これらは3点から等しい距離にある点（外心）の座標になります。

　7〜10行目で定義したperp_bisector()は、引数で受け取った2点を結ぶ線分の垂直二等分線の式を$y = ax + b$の形で返す関数です。引数p1とp2は、(-2, 4)のようにx座標とy座標をタプル型で受け取ります。この場合、1点目のx座標はp1[0]、y座標はp1[1]、2点目のx座標はp2[0]、y座標はp2[1]で参照します。

```
7.  def perp_bisector(p1, p2):
8.      ex = ((x-p1[0])**2+(y-p1[1])**2) - ((p2[0]-x)**2+(p2[1]-y)**2)
9.      ex = sp.solve(ex, y)
10.     return sp.Eq(y, ex[0])
```

8行目は2点から等距離にある直線の式[*7]

$$(x - x_1)^2 + (y - y_1)^2 = (x_2 - x)^2 + (y_2 - y)^2 \quad \text{—— 式}❶（再掲）$$

を右辺が0になるように整理したものです。9行目でこの式をyについて解いたあと、Eq()を使って$y = ax + b$の形にして返しています（10行目）。

[*7]　くわしくはこの章の「2　2点から等距離にある直線の式」を参照してください。

13 〜 14行目のdist_p2p()は、与えられた2点間の距離を求める関数です。くわしくは第5章「2　2点間の距離」を参照してください。

これで3点から等距離にある点を求める準備が整いました。19 〜 21行目で図6-12の点A 〜 Cの各座標を代入したあと、線分ABの垂直二等分線の式（24行目）、線分BCの垂直二等分線の式（28行目）を求めて、この2つの式を連立方程式としてとくと交点の座標が求められます（32行目）。

```
24. expr1 = perp_bisector((x1, y1), (x2, y2))    # 線分 AB の垂直二等分線の式
            ⋮
28. expr2 = perp_bisector((x2, y2), (x3, y3))    # 線分 BC の垂直二等分線の式
            ⋮
32. p = sp.solve([expr1, expr2])                 # 垂直二等分線の交点 P
```

このあと、交点の座標はp[x]、p[y]で参照できるので、与えられた3点のうちのいずれかとの距離を求めると、それが3点から等しい距離、つまり外接円の半径になります（36行目）。

```
36. r = dist_p2p((x1, y1), (p[x], p[y]))
```

これで描画に必要な情報もすべて揃いました。40行目以降はMatplotlib.Pyplotモジュールを使った描画処理です。このプログラムを実行すると、図6-13のように表示されます。19 〜 21行目で代入する座標を変更すると

どうなるか、いろいろ試してみてください。

　ただし、プログラム6-4は3点が一直線上に並ぶようなケースには対応していません[8]。必ず三角形になるような3点を指定してください。

---

[8] 3点が一直線上にあるとき、線分 AB と線分 BC の垂直二等分線は平行になるため、交点（外心）を求められずにエラーになります。

図6-13　プログラム6-4の実行結果

$$y = \frac{2x}{3} + 1 \quad \longleftarrow \quad \text{線分ABの垂直二等分線の式}$$

$$y = \frac{77}{16} - \frac{5x}{8} \quad \longleftarrow \quad \text{線分BCの垂直二等分線の式}$$

$$\left\{ x : \frac{183}{62}, \ y : \frac{92}{31} \right\} \quad \longleftarrow \quad \text{垂直二等分線の交点（外心）}$$

$$5.058065544766189 \quad \longleftarrow \quad \text{点Aと外心との距離（外接円の半径）}$$

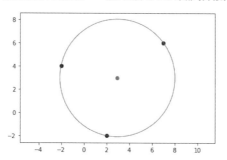

コラム　プログラム6-4の制限事項

　19〜21行目で「点の座標を変えて試したらエラーが発生した！」という人は、三角形のいずれかの辺がx軸と平行になるような座標を与えていませんか？　たとえば図6-14のようなケースです。

図6-14 プログラム6-4でエラーが発生する座標の例

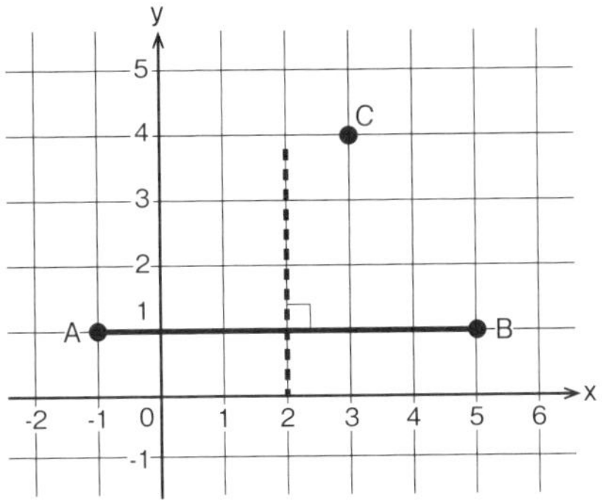

　この図では線分ABがx軸と平行です。その垂直二等分線（図6-14の点線）はy軸に平行な直線になりますね。式で表すと$x = 2$です。$y = ax + b$では表すことができない[*9]ために、プログラム6-4の10行目でエラーになってしまいます。

　垂直二等分線がy軸に平行になるのは、もとの線分がx軸と平行なときです。もう少しくわしく説明すると、もとの線分の始点と終点のy座標が等しいとき、線分はx軸と平行になります。この場合は垂直二等分線の式を$y = ax + b$で表すことができず、プログラム6-4の10行目でエラーになります。このようなケースでは、$y = ax + b$ではなく、$x = a$のような形で返す処理をプログラム6-4で定義した関数perp_bisector()（7〜10行目）に追加すれば、どんな3点を与えられても対応できます。興味のある方は、ぜひチャレンジしてください。

───────────────────────
＊9　第2章「7　座標軸に平行な直線」を参照してください。

───────────────────────

Python Tips Matplotlibで円を描く

　プログラム6-4では円を描くためにMatplotlib.PyplotモジュールのCircle()を使いました（46行目）。

```
46. circle = plt.Circle((p[x], p[y]), r, fill=False, ec='r')
```

Circle()を使うときに必要な情報は、円の中心の座標（p[x]、p[y]）と半径（r）です。プログラム6-4では円の中心を32行目で、半径を36行目で求めています。

Circle()のfillオプションは、塗りつぶしをするかどうかです。「False」にすると、塗りつぶしは行われません。ecオプションは、枠線の色です。

47～48行目はCircle()で生成した円をプロットに追加する命令です。

```
47. ax = plt.gca()          # カレントのプロットを取得する
48. ax.add_patch(circle)    # プロットに circle を追加する
```

この2行がないと、せっかく作った円が表示されないので注意してください。

6 点が4つ以上あるとき

ここまででわかったことは、

　①2点から等距離にある点は複数あり、それを集めると直線になる
　②3点から等距離にある点は1つしかない[*10]

の2つです。では、点が4つ以上あるときはどうなると思いますか？[*11]答えは図6-15を見れば一目瞭然ですね。

[*10]　3点が一直線上に並ばない場合。
[*11]　ただし、4点のうち3点が一直線上に並んでいないものとします。

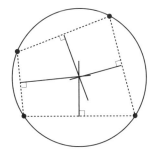

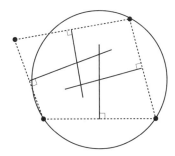

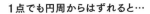

図6-15　4点から等しい距離は…

すべての点が同じ円周上　　　　　　1点でも円周からはずれると…

　すべての点が同じ円周上にあるときは、その円の中心がすべての点から等距離にある点です（図6-15左）。しかし、1点でも円周からはずれると、4点から等距離にある位置を見つけることはできません（図6-15右）。図6-15では4点で説明しましたが、5点以上でも同様です。

コラム　方べきの定理

　2つの弦[*12]が図6-16左のように円内で交わるとき、または、図6-16右のように弦を延長した線が円外で交わるとき、交点（または円周）で分割された弦の長さをそれぞれa、b、c、dとすると

　　　$a \times b = c \times d$

が成立します。これを「方べきの定理」と言います。

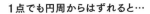

第**6**章　2点から等距離にある直線

図6-16　方べきの定理

交点が円の中

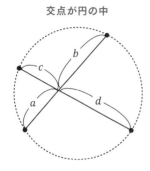

交点が円の外

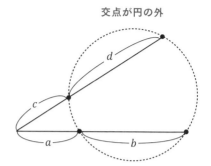

　また、「方べきの定理の逆」も成立します。つまり、$a \times b = c \times d$が成り立つ位置にある4点は、同じ円の円周上にあると言えます。興味のある方は、次の順番でプログラミングにチャレンジしてください。

　　　①2点を結ぶ直線の式を2つ求める

　　　②2直線の交点を求める

　　　③交点と各点との距離を求める

　　　④求めた距離の積をとって、等しいかどうかを確認する

　④の結果、方べきの定理が成立することがわかれば、前節のプログラム6-4を参考にして

　　　⑤各線分の垂直二等分線の式を求める

　　　⑥2つの垂直二等分線の交点を求める

　　　⑦交点と与えられた1点との距離を求める

という順番で処理を行いましょう。⑥で求めた交点が円の中心、⑦で求めた距離が円の半径です。この2つを使えば円が描けます。

＊12　円周上にある2点を結んだ線分を「弦」と言います。

第7章
多数の点の傾向を示す直線

2点から等しい距離にある点を集めると直線になります。3点から等しい距離にある点は1点しかありません。そして4点以上になると、すべての点から等しい距離にある位置は求められません。第6章まででここまで確かめることができました。

　でも、「ぴったり等しい」が存在しないとしても、「なるべく等しくなる」なら見つけられそうです。実は、どれだけたくさん点があっても、そんな状態の線を見つけることができます。本章では、たくさんのデータをグラフ上に表す散布図を作り、その上でたくさんの点の近くを通るような直線を引く方法を見ていきましょう。

1 散布図を描く

　「気温が上がるとジュースがよく売れる」、「背が高いと足のサイズも大きい」、「数学が得意だと物理の成績も良い」——。どれもみな、何となく「そうだろうなあ」と思いませんか？　こういう場合は「散布図」を描いてみましょう。それにより「何となくそう思える」を数学的に説明することができます。

　散布図の描き方はとても簡単で、2つあるデータのいずれかの要素を横軸に、もう一方の要素を縦軸に取って、それぞれの値が交わる位置に点を打つ。この作業をデータの個数分繰り返すだけです。とは言っても、手作業では大変ですね。

　表7-1は、最高気温とジュースの販売本数について、ある時期の20日間調べた結果です。そしてプログラム7-1は、このデータを使って散布図を描くプログラムです。5～6行目でリスト型の変数dxには気温を、dyには販売本数を代入しました。9行目のscatter()は、与えられた位置に点を描画する命令です。このプログラムを実行すると、図7-1が表示されます。

表7-1　気温とジュースの販売本数

気温 (x)	28	26	28	27	27	20	26	22	23	19	26	23	25	21	20	18	24	19	24	25
販売数 (y)	111	97	102	105	108	74	116	92	112	88	116	101	93	74	87	71	94	67	105	99

プログラム7-1　散布図を描く

```
 1. %matplotlib inline
 2. import matplotlib.pyplot as plt
 3.
 4. # データ
 5. dx = [28, 26, 28, 27, 27, 20, 26, 22, 23, 19, 26, 23, 25, 21, 20, 18,
                      24, 19, 24, 25]                        # 気温
 6. dy = [111, 97, 102, 105, 108, 74, 116, 92, 112, 88, 116, 101, 93, 74,
                      87, 71, 94, 67, 105, 99]               # 販売数
 7.
 8. # 散布図を描画
 9. plt.scatter(dx, dy)
10. plt.show()
```

図7-1　プログラム7-1の実行結果

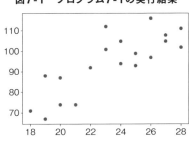

Python Tips CSVファイルからデータを読み込む

　散布図のもとになるデータはほとんどの場合、データ数が多く、プログラミングのときに間違わずに入力するのは大変です。本書では掲載したのと同じデータを図7-2に示したCSV形式のファイルで提供しているので活用してください。

　CSV形式とはデータの区切りにカンマを挿入したテキストファイルで、図7-2では1列目が最高気温、2列目が販売本数のデータです。データとカンマだけの単純なフォーマットで扱いが簡単なことから、CSVは多くのアプリケーションでデータの受け渡しに利用されています。

図7-2　score.csvの内容

```
28, 111
26, 97
28, 102
27, 105
27, 108
20, 74
26, 116
22, 92
23, 112
19, 88
26, 116
23, 101
25, 93
21, 74
20, 87
18, 71
24, 94
19, 67
24, 105
25, 99
```

　プログラム7-2は、図7-2のファイル（ファイル名はscore.csv）を読み込むプログラムです。CSVファイルの読み込みにはCSVモジュールのreader()を使うので、忘れずにインポートしてください（1行目）。なお、読み込み対象のscore.csvはプログラムを保存したフォルダと同じフォルダにある*1ことを前提にしています。

プログラム7-2　CSVファイルの読み込み

```python
1.  import csv
2.
3.  # ファイルを開く
4.  f = open('score.csv')
5.
6.  # ファイルから1行ずつ読み込んでリストに追加
7.  dx = []
8.  dy = []
9.  for row in csv.reader(f):
```

```
10.    dx.append(int(row[0]))           # 1 列目
11.    dy.append(int(row[1]))           # 2 列目
12.
13.  # ファイルを閉じる
14.  f.close()
15.
16.  print(dx)
17.  print(dy)
```

　ファイルからデータを読み込むには、まず、そのファイルを開かなければなりません。この処理を行っているのが4行目のopen()です。プログラム7-2のようにファイル名だけを指定すると、読み取り専用として開くことができます。

　7 ～ 8行目でデータを入れるリストを準備したあと、9行目の

```
for row in csv.reader(f):
```

は、「ファイルから1行読み込んで変数rowに代入する」という処理を、ファイルの先頭行から最終行まで繰り返す命令です。1行読み込むたびに変数rowには

```
['28', '111']
```

のようにデータが代入されるのですが、ここでリストの中身が引用符 (') で囲まれた文字列であることに注意してください。気温も販売本数も、本来は数値データです。そこで、10 ～ 11行目では

```
dx.append(int(row[0]))
dy.append(int(row[1]))
```

のようにint()を使って文字列を数値に変換してからリストに追加しています。

　ファイルの読み込みが終わったあと、14行目のclose()はファイルを閉じる命令です。このプログラムを実行すると、16, 17行目の記述によりdxとdyの内容が画面に表示されます（図7-3）。まずは、この表示で正しく読み込まれたことを確認しましょう。問題がなければ、続いて散布図を描画するようにコーディングしていきます。

図7-3　プログラム7-2実行結果

```
[28, 26, 28, 27, 27, 20, 26, 22, 23, 19, 26, 23, 25, 21, 20, 18, 24, 19, 24, 25]  ◀── dx
[111, 97, 102, 105, 108, 74, 116, 92, 112, 88, 116, 101, 93, 74, 87, 71, 94, 67, 105, 99]  ◀── dy
```

＊1　プログラムと CSV ファイルが異なるフォルダに置くときは、open() を使ってファイル
を開くときに「C:¥sample¥score.scv」（MacOS の場合は「/Users/***/Sample/score.
csv」などのようにパスを含めて指定してください。

2 散布図からわかること

　散布図ができたら、点が作る全体の形に注目してください。図7-4は前節で作った散布図ですが、右上がりになっているように見えますね。散布図の横軸は最高気温、縦軸はジュースの販売本数ですから、右上がりの形から「気温が高くなると、ジュースの販売本数が増える」という関係が読み取れます。

図7-4　正の相関が見られる散布図

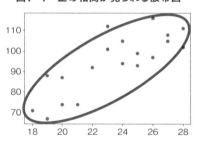

　このように2つの要素の間に関連があることを「相関」と言い、一方が増加するにつれて、もう一方も増加する場合は「正の相関がある」のように表現します。逆に、一方が増加するにつれて、もう一方が減少する場合は「負の相関」です。このとき散布図は図7-5左に示すような右下がりになります。冷たいジュースではなくホットドリンクの販売本数と最高気温の関係を調べたら、右下がりの散布図になりそうですね。

また、図7-5右のように点が散らばってまとまりのない相関図からは、2つの要素の間に関係性が見つけられません。この状態を「無相関」と言うので覚えておきましょう。

図7-5　散布図の形

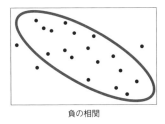

負の相関

無相関

Python Tips グラフに軸ラベルを追加する

ここまでMatplotlibで描画したグラフには、軸ラベルが表示されていませんでした。表計算ソフトでグラフを作るときのように軸ラベルを表示するには、Matplotlib.Pyplotモジュールのxlabel()とylabel()を使います。たとえば、

```
plt.xlabel('temperature')
plt.ylabel('juice')
```

という記述を追加すると、横軸（x軸）に「temperature」、縦軸（y軸）に「juice」が表示されます（図7-6左）。

図7-6　グラフに軸ラベルを追加して描画

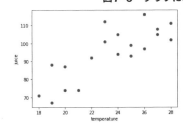

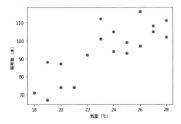

図7-6右のように日本語を表示するときは、Matplotlibに含まれるFont_Managerモジュールを利用して日本語フォントを指定する必要があります。プログラム7-3は、Windows環境で「MSゴシック」を使用する方法です。

197

プログラム7-3　軸ラベルに日本語フォントを使用する

```
1. import matplotlib.font_manager as fm
2. fp = fm.FontProperties(fname='C:¥WINDOWS¥Fonts¥msgothic.ttc',
                                                           size=10)
3.
4. plt.xlabel(' 気温 （℃） ', fontproperties=fp)
5. plt.ylabel(' 販売数 （本） ', fontproperties=fp)
6. plt.scatter(dx, dy)
7. plt.show()
```

　1行目はMatplotlib.Font_Managerモジュールのインポートです。モジュール内の命令を利用しやすいように「fm」という名前を付けました。2行目が日本語フォントの定義です。fnameオプションにフォントファイル名、sizeオプションにフォントサイズを指定してください。なお、使用できるフォントは、ご使用の環境によって異なります。下記の手順で確認してください。

■Windowsの場合

　WindowsエクスプローラでC:￥Windows￥Fontsフォルダ[*2]を開くと、利用できるフォントの一覧が表示されます。フォント名を右クリックして表示されるメニューから［プロパティ］を選択すると、「msgothic.ttc」のようなフォントファイル名を確認できます（図7-7）。

図7-7　Windowsで使用できるフォントを確認する

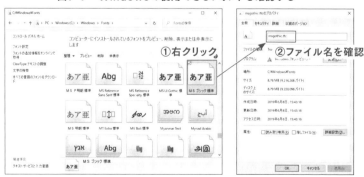

■MacOSの場合

　Finderで[移動]メニューにある[フォルダへ移動]を実行すると、移動先のフォルダを入力する画面が表示されます。ここで「/System/Library/Fonts」を入力して[移動]ボタンをクリックすると、利用できるフォントの一覧を確認できます（図7-8）。

図7-8　MacOSではFontsフォルダーでフォントのファイル名を確認する

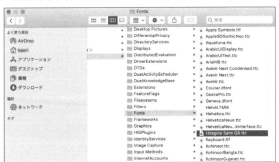

　たとえば、「ヒラギノ角5」を使用するときは、プログラム7-3の2行目を次のように変更してください。

```
2. fp = fp.FontProperties(fname='/System/Library/Fonts/Hiragino Sans
                                                    GB.ttc', size=10)
```

＊2　標準的な環境の場合。C:￥Windows以外にOSをインストールした場合は、適宜読み
　　替えてフォントの収録されたフォルダを確認してください。

3 散布図から直線へ

　さて、表7-1のデータをもとに散布図を描いた結果、気温が高くなるとジュースの販売本数が増えることがわかりました。ここまでくると、「気温が10℃上がると、販売本数はどのくらい増えるのかな？」とか「30℃だったら何本くらい売れるんだろう？」とか、知りたくなってきますね。

もしも気温とジュースの販売本数の関係が図7-9の直線で表されるのなら、「気温が10度上がると販売本数は25本増える」とか「気温が30℃のときは115本売れる」のような予測ができます。

図7-9　気温とジュースの販売本数の関係

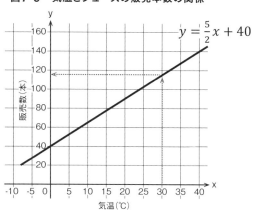

もちろん図7-9の直線はそれらしく見えるだけで、値には何の根拠もありません。しかし、データの分布傾向を表すような直線がわかれば、同じような予測ができるようになります（図7-10）。このような直線を「回帰直線[3]」と言います。

図7-10　散布図と回帰直線

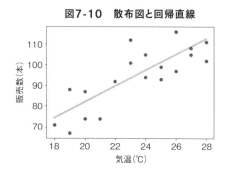

＊3　直線の式を指して「回帰式」と呼ぶこともあります。

4 最小二乗法

図7-10を見てもわかるように、回帰直線はたくさんの点の間を通る直線です。実データと直線との間には必ず「ずれ」が生じますが、この「ずれ」がすべての点で小さいほど、データの分布傾向とよく似た直線になります。それを見つけるためのひとつの方法が「最小二乗法」[*4]です。

最小二乗法では実データのy座標と直線のy座標[*5]との差[*6]に注目します。図7-11では点線で示した部分です。ただ、ここには直線を基準にするとプラスとマイナスの値があり、単純に合計するだけでは全体の「ずれ」を正しく把握できません。

図7-11 実データと直線の「ずれ」

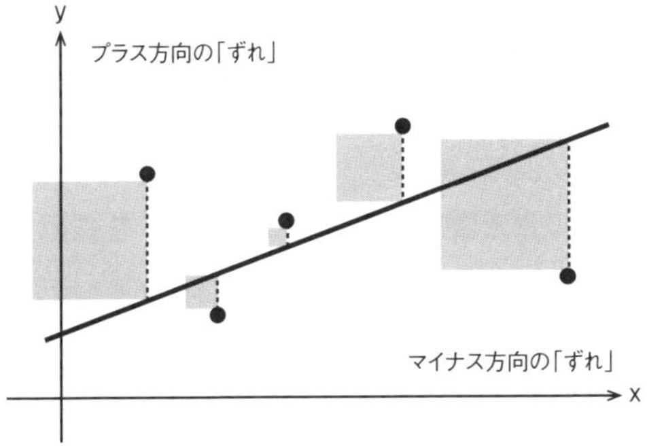

しかし、実データとy座標の差を2乗すれば、ずれの大きさがすべてプラスになり、合計することができます。図7-11では、ずれの大きさをグレーで示し、面積でとらえられるようにしてみました。この正方形の面積の合計が最も小さくなるような直線を見つけるのが最小二乗法です。

「理屈はわかった。図7-11の点が実データだということもわかる。だけど、直線は何？　いつ、何を根拠に引いたの？」──とても良い質問です。

実は、図7-11の直線は適当に引いた仮の直線です。この直線をもとに、より正確な直線を探すので、仮の直線はどんな直線でもかまいません。まずは最初の直線と実データの差の二乗和を調べる。2回目はほんの少しだけ直線の式を変えて、改めて差の二乗和を求める。3回目も同じように直線の式をほんの少しだけ変えて差の二乗和を求める……。というように、何度も何度も差の二乗和を求

め直して、その値が一番小さくなるような直線に近付けていくのです。このときの繰り返す回数ですが、10回とか100回とか、そんな回数では全然足りません。何万回、何十万回も繰り返して、ようやく精度の高い結果を得ることができます[7]。

* 4 「最小自乗法」と表記されることもあります。
* 5 直線上のy座標を「予測値」と言います。
* 6 実データと予測値の差を、正しくは「残差（residual）」と言います。
* 7 データのばらつき具合を示す「分散」と、2つのデータの関係性を示す「共分散」という値を利用して回帰直線を求める方法もあります。興味のある人はぜひ調べてみてください。

5 実データと直線の「ずれ」を調べる

　ここから先はプログラムと一緒に見ていきましょう。プログラム7-4は最初の直線と実データとの「ずれ」を求めるプログラムです。2〜3行目でリスト型の変数dx、dyに代入したデータは、この章の最初に載せた表7-1のデータです。

プログラム7-4　実データと最初の直線との「ずれ」を求める

```
1.  # データ
2.  dx = [28, 26, 28, 27, 27, 20, 26, 22, 23, 19, 26, 23, 25, 21, 20, 18,
          24, 19, 24, 25]                                    # 気温
3.  dy = [111, 97, 102, 105, 108, 74, 116, 92, 112, 88, 116, 101, 93, 74,
          87, 71, 94, 67, 105, 99]                           # 販売数
4.
5.  # 初期値
6.  a = 0.0              # 直線の傾き
7.  b = 0.0              # 切片
8.
9.  # 差の二乗和
10. min_res = 0.0
11. for i in range(20):
12.     y = a * dx[i] + b
13.     min_res += (dy[i]-y)**2
14. print(min_res)
```

6〜7行目の変数a、bは、直線の式 $y = ax + b$ の a（傾き）と b（切片）です。両方に0.0を代入すると、直線の式は $y = 0$ ですから、最初の直線は原点を通ってx軸に平行な直線です。

10行目の変数min_resは、この直線と実データの「ずれ」（差の二乗和）を代入する変数です。仮の最小値という意味で「min_」を先頭につけました。

11行目のfor文は実データの個数（この例では20個）分の繰り返しです。この繰り返しで行う処理は

```
12.     y = a * dx[i] + b
13.     min_res += (dy[i]-y)**2
```

という2つです。12行目は直線の式（$y = ax + b$）の x に i 番目の実データ（dx）を入れて、直線上のy座標[8]を求める処理です。13行目の(dy[i]-y)**2は、「i 番目の実データ（dy）と直線上のy座標の差を2乗する」という意味です（図7-12）。これをmin_resに加算して「ずれ」の総和を求めています。

繰り返しの処理を終えたあと、14行目は結果の確認です。プログラム7-4を実行すると、

187050.0

が表示されます。これが実データと最初の直線（$y = 0$）との「ずれ」です。この値が最も小さくなるような直線の式を求めるのが、この章の目標です。

図7-12　実データと直線上のy座標の差の2乗

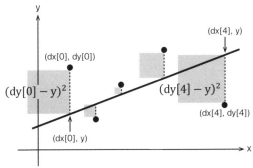

---

[8]　プログラム 7-4 の場合はどんな値を入れても y は必ず 0 になるのですが、傾きと直線の
　　初期値に 0 以外を与えたときのことを想定してプログラミングしています。

第2章の最後でNumPyモジュールの配列を使うと、forループを使わずに配列の全要素に対して同じ計算処理ができるという話をしました。プログラム7-4では実データをPythonのリストに代入しましたが、これをNumPyの配列にした場合、プログラム7-5のようになります。

プログラム7-5　NumPyの配列を利用する

```python
1.  import numpy as np
2.
3.  # データ
4.  dx = np.array([28, 26, 28, 27, 27, 20, 26, 22, 23, 19, 26, 23, 25,
                   21, 20, 18, 24, 19, 24, 25])              # 気温
5.  dy = np.array([111, 97, 102, 105, 108, 74, 116, 92, 112, 88, 116,
                   101, 93, 74, 87, 71, 94, 67, 105, 99])    # 販売数
6.
7.  # 初期値
8.  a = 0.0          # 直線の傾き
9.  b = 0.0          # 切片
10.
11. # 差の二乗和
12. y = a * dx + b                        # 直線上のy座標
13. min_res = np.sum((dy-y)**2)           # 実データとy座標との差の二乗和
14. print(min_res)
```

なお、次節以降は実データがPythonのリスト型の変数に代入されていることを前提に説明します。プログラム7-5を実行するとdx、dyの内容が書き換わってしまうので、以降のプログラムを実行するときは、その前にプログラム7-4を再度実行しておくことが必要です。

⑥ 乱数を利用する

　図7-13左は$y = 0$の直線を散布図に重ねた様子です。プログラム7-4の結果、実データとの「ずれ」の総和は「187050.0」になることがわかりました。この値がどんどん小さくなって、最終的に図7-13右の直線になるような傾きaと切片bを求めるのが次の作業です。

図7-13　最初の直線と理想の直線

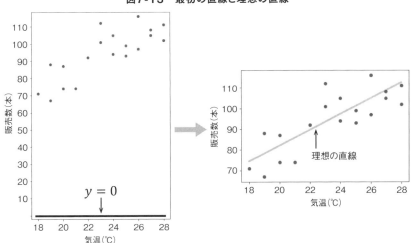

　プログラム7-4では直線の傾きaと切片bの両方に0.0を代入しました。これらの値を少し変えると「ずれ」も変わるはずですが、問題はどのくらい変えるかです。理想の直線にたどり着くまでには何度も何度も「ずれ」を求める作業を繰り返さなければなりませんが、直線の傾きと切片を毎回同じだけ変えていたのでは「ずれ」の変化も同程度になってしまいます。たとえば表7-2は、切片は0のままで傾きを0.1ずつ変更したときに、差の二乗和がどのように変化するかを調べた様子です。確実に小さな値になっていますが、あまり大きな変化はないようですね。それよりもいろいろな値を試した方が、効率よく「ずれ」を小さくできそうです。こういう場合は乱数を利用しましょう。

第**7**章

多数の点の傾向を示す直線

205

表7-2　傾きの変化と「ずれ」の変化

a	b	直線の式	差の二乗和
0	0	$y = 0$	187050
0.1	0	$y = 0.1x$	178009.85
0.2	0	$y = 0.2x$	169195.4
0.3	0	$y = 0.3x$	160606.65
0.4	0	$y = 0.4x$	152243.6
0.5	0	$y = 0.5x$	144106.25

　乱数はある範囲の中から「無作為に」選んだ数値です。PythonではRandomモジュールのrandom()を使って、0.0 〜 1.0未満の乱数を発生させることができます。試しに、次の命令を実行してみてください。

```
In [1] : import random
         for i in range(5):
             print(random.random())    # 0.0 〜 1.0 未満の乱数

         0.7968960165934347
         0.3078524431752656
         0.31078318179211384
         0.48901803773163965
         0.41215255634864456
```

　このように数値が5個表示されましたが、みなさんが実行すると画面には違う値が表示されるはずです。もう一度実行すると、また違う値が表示されます。このようにrandom()は実行するたびにいろいろな値を返してくれます。

　これをそのまま使って直線の傾きと切片を更新すればよいかと言えば、答えは「ノー」です。なぜならrandom()は正の値しか返してくれないからです。これでは直線の傾きはどんどん右上がりになるだけです。きつくなりすぎた傾きを戻すには、負の値も必要です。

　今度は次の命令を実行してみてください。random()が返す値から0.5を引くと-0.5 〜 0.5未満の乱数を発生させることができます。

```
In [2] :  for i in range(5):
              print(random.random()-0.5)    # -0.5 ～ 0.5 未満の乱数
```

```
0.34490504302450375
0.0019604306555914447
-0.3304985190613935
-0.2996742033834163
0.2874511479930717
```

　「よし、直線の傾きと切片はこれで更新しよう！」と言いたいところですが、まだ
問題があるのです。表7-3は、切片は5.5のまま傾きを0.1ずつ変更して差の二
乗和の変化を見た様子です。傾きが3.8までの間は順調に減っていたのが、3.9
からは増加に転じています。

表7-3　傾きの変化と「ずれ」の変化

a	b	直線の式	差の二乗和
3.6	5.5	$y = 3.6x + 5.5$	2020.2
3.7	5.5	$y = 3.7x + 5.5$	1623.35
3.8	5.5	$y = 3.8x + 5.5$	1452.2
3.9	5.5	$y = 3.9x + 5.5$	1506.75
4	5.5	$y = 4.0x + 5.5$	1787
4.1	5.5	$y = 4.1x + 5.5$	2292.95

　原因は直線が大きく変わりすぎたことです。別の言い方をすると、傾きの変化
が大きすぎたということです。もう一度、この節の最初に示した図7-13を見てくだ
さい。左図のように実データと直線が離れた場所にあれば、直線の変化が大きく
ても「ずれ」は順調に減ります。この直線が右図に近づくほど、微調整が必要に
なることは想像できますね。
　次の命令を実行すると、とても小さな値を無作為に作ることができます。
random()が返す値から0.5を引いた後、さらに0.001を掛けることで、-0.0005
～0.0005未満の値を得られるようにしました。直線の傾きと切片の更新には、こ
の値を使うことにしましょう。

```
In [3] :   for i in range(5):
              print((random.random()-0.5)*0.001)    # -0.0005～0.0005未満の乱数


       -0.000379927087765234
       -0.00027625955291004603
       5.4577199615013175e-05
       -0.0004549918199143497
       0.0003524624362109136
```

　この命令を実行すると、上から3つ目のように最後に「e-05」がついた値が表示されることがあります。これは「指数表記」と言って、とても小さな値を表記するのに便利な方法です。e-01は10^{-1}（=0.1）、e-02は10^{-2}（= 0.01）、e-05は10^{-5}（= 0.00001）を表します。つまり、上から3つ目の値は0.00005457719…と同じ意味です。

７ 乱数を使って回帰直線を見つける

　実データとの「ずれ」がもっとも小さな直線を見つけるには、
　　　　①乱数を使って傾きと切片の更新量を決定する
　　　　②新しい直線の式で実データとの「ずれ」（差の二乗和）を求める
　　　　③求めた「ずれ」が仮の最小値よりも小さいときは、仮の最小値と傾き、
　　　　　切片を更新する
という処理を何度も何度も繰り返す必要があります。図7-14は処理の流れを示したもの、プログラム7-6はこれをプログラミングしたものです。なお、プログラム7-6はリスト型の変数dxとdyに実データが入っていて、最初の直線との「ずれ」を計算し終わっていることが前提です。このプログラムを実行する前に、プログラム7-4を実行してください。

図7-14 ずれが最も小さくなる直線を求めるフローチャート

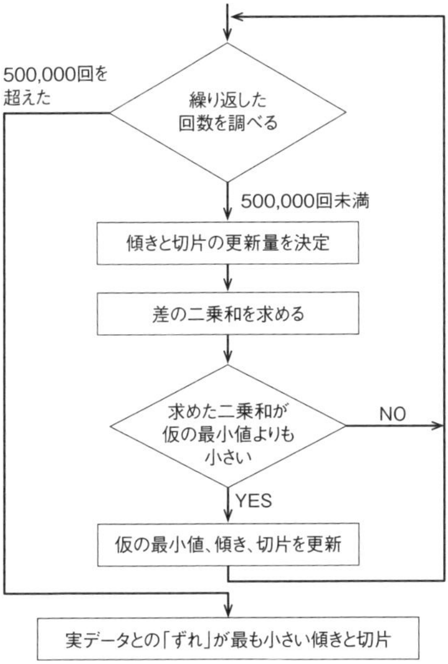

プログラム7-6 乱数を使って直線の傾きと切片を求める

```python
1.  import random
2.
3.  for i in range(500000):
4.      # 傾きと切片の更新量を決定
5.      wa = (random.random() - 0.5) * 0.001
6.      wb = (random.random() - 0.5) * 0.001
7.
8.      # 差の二乗和
9.      res = 0
10.     for j in range(20):
11.         y = (a + wa) * dx[j] + (b + wb)
12.         res += (dy[j] - y)**2
13.
14.     # 値を更新
15.     if res < min_res:
```

```
16.         min_res = res              # 仮の最小値
17.         a = a + wa                 # 傾き
18.         b = b + wb                 # 切片
19. print(a, b, min_res)
```

3行目で繰り返しの回数を500,000回にしました。「こんなに！」と思うかもしれません が、傾きと切片を更新する量は1回につき-0.0005 〜 0.0005という、とても小さな値です。繰り返す回数が少ないと、実データとの「ずれ」が大きいまま処理を終わってしまいます。これではデータの分布傾向を正しく表す直線になりません。4 〜 18行目が500,000回繰り返す処理です。詳しくみていきましょう。

5 〜 6行目でwaとwbには乱数で発生させた-0.0005 〜 0.0005未満の値が代入されます。これらの値は直線の傾きと切片を少しだけ変化させて更新するのに使います（11行目）。

9 〜 12行目は実データ（dy）と直線上のy座標との差の二乗和を求める処理です。プログラム7-4と内容は同じですが、直線上のy座標を求める式に注意してください（11行目）。

```
y = (a + wa) * dx[j] + (b + wb)
```

この式では、その時点での直線の傾きと切片に乱数で発生させた値（waとwb）を加えた値を使って計算するのがポイントです。これで新しい直線と実データとの「ずれ」が計算できます。

15行目のifは条件判断を行う命令で、

```
if res < min_res:
```

のようにすることで「もしもresの値がmin_resよりも小さければ、ブロック内（プログラム7-6では16 〜 18行目）の処理を行う」という意味になります。resは10 〜 12行目で求めた新しい直線との「ずれ」、min_resにはプログラム7-4で最初の直線との「ずれ」を代入したので、これでどちらが小さいかを比較できます。そして、もしも新しい直線の「ずれ」の方が小さいときは、これを仮の最小値に書き換えて、直線の傾きと切片も新しい直線のものに更新します（16 〜 18行目）。これで最初よりも「ずれ」が小さな直線の傾きと切片が求められました。そしてこれ

が、次に求める新しい式と比較する際の基準になります。

　以上の処理を繰り返すと、変数aとbは500,000回計算した中で実データとの「ずれ」が最も小さい直線の傾きと切片になります。プログラムを実行してみましょう。乱数を使っているので結果は毎回ごくわずかに変わりますが、

```
3.821715487173384   5.598600141678361   1444.667012179322
```

に近い値が表示されるはずです。3つの値は先頭から順に傾き、切片、差の二乗和です。

8 回帰直線を予測に使う

　プログラム7-6の結果、表7-4のデータの分布傾向に最も近い直線の傾きは「3.821715487173384」、切片は「5.598600141678361」となりました。プログラム7-7は、散布図にこの直線を重ねて描画するプログラムです。なお、このプログラムはリスト型の変数dx、dyに散布図に使うデータ、変数aとbにはプログラム7-6で求めた傾きと切片が代入されていることが前提になっています。このプログラムを実行する前にプログラム7-4、プログラム7-6を実行してください。

表7-4　気温とジュースの販売本数（表7-1再掲）

気温 (x)	28	26	28	27	27	20	26	22	23	19	26	23	25	21	20	18	24	19	24	25
販売数 (y)	111	97	102	105	108	74	116	92	112	88	116	101	93	74	87	71	94	67	105	99

プログラム7-7　散布図に回帰直線を重ねる

```
1. %matplotlib inline
2. import matplotlib.pyplot as plt
3. import numpy as np
4. import matplotlib.font_manager as fm
5. fp = fm.FontProperties(fname='C:\WINDOWS\Fonts\msgothic.ttc', size=10)
```

```
6.
7.  # 回帰直線
8.  def func(x):
9.      return a * x + b      # y=ax+b
10.
11. # 直線用のデータ
12. x = np.arange(18, 30)
13. y = func(x)
14.
15. # 表示
16. plt.scatter(dx, dy)      # 散布図
17. plt.plot(x, y)           # 回帰直線
18. plt.xlabel(' 気温 (℃) ', fontproperties=fp)
19. plt.ylabel(' 販売数 (本) ', fontproperties=fp)
20. plt.show()
```

　図7-15は、プログラム7-7の実行結果です。プログラム7-4で$y = 0$の直線を
もとに最初のずれの計算をしたあと、プログラム7-6で500,000回も傾きと切片
を調整した結果、ちゃんとデータの分布傾向を表す直線になりました。

図7-15　プログラム7-7の実行結果

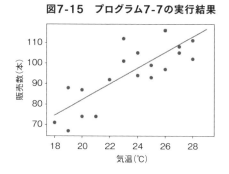

　さて、回帰直線の式を求めることがゴールではありません。この式を使って値
を分析したり、予測したりする[9]のが本来の目的です。プログラム7-7を実行した
あとに、新規のセルで次の命令を実行してみましょう。

```
In [12]:        y = func(35)
                y
```
```
Out [12]:       139.35864776529326
```

　このように「最高気温が35度の日は、ジュースがおよそ140本売れる」という予測ができます。

　また、サンプルに使用したデータは問題なく右上がりに分布していますが、場合によっては図7-16のように極端に離れた位置に点が現れることもあります。これを「外れ値」と言います。こういう点が見つかったときはデータをもう一度確認しましょう。原因がデータの入力ミスであれば、それを修正することで回帰直線の精度が確実に上がります。

図7-16　外れ値のある散布図

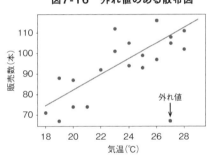

　図7-16の外れ値が入力ミスではなく正しいデータだった場合は、急に雷雨になったとか、ジュースが欠品していたとか、販売本数に影響を与えるような要因が働いていた可能性があります。それらを考慮した上で、このデータを除外するかどうかを検討してください。当然ですが、外れ値は少ない方が回帰直線も正確になります。

＊9　これを「回帰分析」と言います。

コラム Excelで回帰直線を求める

　プログラム7-4、プログラム7-6の順に実行して得られた回帰直線の式ですが、本当に正しいのかどうか不安ですね。Microsoft Excelにはグラフの近似曲線を表示する機能があるので、これを使ってどのような式が表示されるか確認してみましょう。

　図7-17のようにA列に最高気温、B列にジュースの販売本数を入力したあと、入力したデータを選択して[*10] [挿入] タブの [グラフ] グループにある [散布図] を選択すると、シートに散布図が挿入できます。次に、散布図上のいずれかの点を右クリックして [近似曲線の追加] を選択すると、散布図上に回帰直線が表示されます。また、画面に「近似曲線の書式設定」サブウィンドウが表示されるので、「グラフに数式を表示する」のチェックボックスをオンにしてください。これでExcelが計算した回帰直線の式を確認できます (図7-17)。「y = 3.8217x + 5.5986」と、傾きも切片もほぼ同じ値ですね。

図7-17　Excelで回帰直線の式を確認

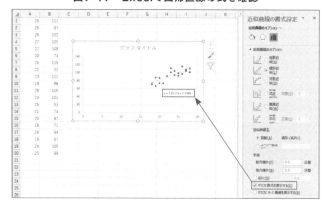

＊10　入力したデータのうちいずれか1セルを選択しておけばグラフ化できます。

9 もっと効率よく直線の式を見つける

　この章では最小二乗法を使って回帰直線を求める方法を紹介しました。また、乱数を使って繰り返し値を求め直すことで、最終的に理想的な答えにたどり着くことも確認しました。前節のプログラム7-6では500,000回という膨大な回数を繰り返したのですが、もう少し効率よく傾きと切片を更新する方法を紹介しましょう。

　図7-18左は最初の直線、図7-18右は理想の直線です。この章の「6. 乱数を利用する」でも少し触れましたが、図7-18左のように実データと直線との「ずれ」が大きい間は、傾きと切片を大きく変えても問題ありません。むしろ直線の変化が大きい方が、理想の直線に早く近づくことができます。しかし、いつまでも直線の変化が大きいと、今度は理想の直線になかなか近づけないということが起こります。ということは、直線が図7-18左に近い間は傾きと切片を更新する量を大きめに設定しておいて、徐々にその値を小さくしていけばよさそうですね。

図7-18　最初の直線と理想の直線（図7-13再掲）

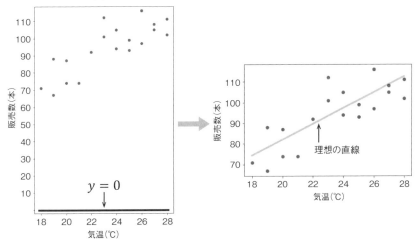

　プログラム7-8は、プログラム7-6の改良版です。繰り返しの回数に応じて乱数の範囲を「-0.5 〜 0.5」、「-0.005 〜 0.005」、「-0.0005 〜 0.0005」の3段階にしました。全体の繰り返しの回数は100,000回（1行目）、プログラム7-6と比べると5分の1です。プログラムを実行すると、計算時間の違いを実感できるはずです。

なお、傾きと切片、「ずれ」の最小値を初期値に戻すために、先にプログラム7-4を実行し、次にプログラム7-8を実行してください。

プログラム7-8　乱数を使って直線の傾きと切片を求める（プログラム7-6の改良版）

```python
1.  for i in range(100000):
2.      # 傾きと切片の更新量を決定
3.      if i < 10000:
4.          wa = random.random() - 0.5
5.          wb = random.random() - 0.5
6.      elif i < 30000:
7.          wa = (random.random() - 0.5) * 0.01
8.          wb = (random.random() - 0.5) * 0.01
9.      else:
10.         wa = (random.random() - 0.5) * 0.001
11.         wb = (random.random() - 0.5) * 0.001
12.
13.     # 差の二乗和
14.     res = 0
15.     for j in range(20):
16.         y = (a + wa) * dx[j] + (b + wb)
17.         res += (dy[j] - y)**2
18.
19.     # 値を更新
20.     if res < min_res:
21.         min_res = res              # 仮の最小値
22.         a = a + wa                 # 傾き
23.         b = b + wb                 # 切片
24. print(a, b, min_res)
```

⑩ 実データを使って最初の直線を決める

　最初の直線の位置を実データに近い位置にすれば、もっと効率よく回帰直線を求められるんじゃないの？　──図7-19の直線は、表7-5の先頭データと最後のデータの2点を通る直線です。たしかに、$y = 0$の直線から始めるよりも、この位置からの方が無駄な計算をしなくて済みそうですね。

図7-19　実データ上の2点を通る直線

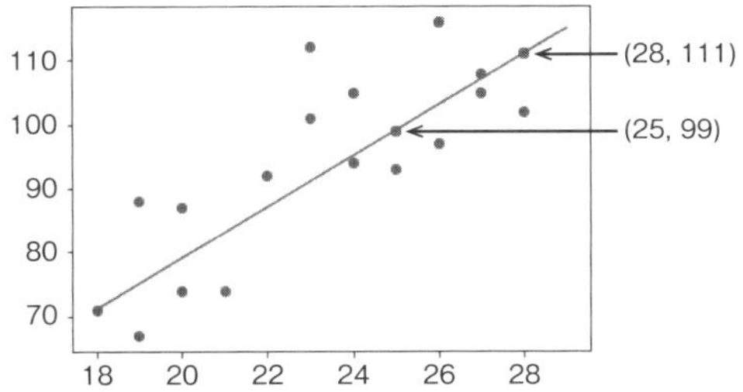

　2点を通る直線の式[11]は
$$y = \frac{y_2 - y_1}{x_2 - x_1}(x - x_1) + y_1 \quad (x_1 \neq x_2) \quad \text{──第3章の式❹（再掲）}$$
で求められます。プログラム7-9は、この式に表7-5の先頭データと最後のデータを代入して、図7-19の直線の式を求めるプログラムです。SymPyモジュールの使い方は第3章「2 SymPyで計算する」を参照してください。

＊11　第3章「4 2点を通る直線の式」を参照してください。

表7-5　気温とジュースの販売本数（表7-1再掲）

気温 (x)	28	26	28	27	27	20	26	22	23	19	26	23	25	21	20	18	24	19	24	25
販売数 (y)	111	97	102	105	108	74	116	92	112	88	116	101	93	74	87	71	94	67	105	99

プログラム7-9　(28, 111)と(25, 99)を通る直線の式

```
1. import sympy as sp
2. sp.init_printing()
3.
4. x, y = sp.symbols('x, y')          # 記号の定義
5. x1 = 28; y1 = 111                  # 先頭データ
6. x2 = 25; y2 = 99                   # 最後のデータ
7. y = ((y2-y1)/(x2-x1))*(x-x1)+y1    # 2点を通る直線の式
8. y
```

プログラム7-9を実行すると、(28, 111)と(25, 99)を通る直線の式は

$$4.0x - 1.0$$

とわかります。この傾きと切片を最初の直線にして回帰直線を求めるプログラム
がプログラム7-10です。繰り返しの回数は200,000回にしました。このプログラム
を実行すると、プログラム7-6とほぼ同じ値が表示されます。

プログラム7-10　最初の直線の位置を変える(プログラム7-6改良版)

```
 1. # データ
 2. dx = [28, 26, 28, 27, 27, 20, 26, 22, 23, 19, 26, 23, 25, 21, 20, 18,
       24, 19, 24, 25]                                              # 気温
 3. dy = [111, 97, 102, 105, 108, 74, 116, 92, 112, 88, 116, 101, 93, 74,
       87, 71, 94, 67, 105, 99]                                     # 販売数
 4.
 5. # 初期値
 6. a = 4.0              # 直線の傾き
 7. b = -1.0             # 切片
 8.
 9. # 最初の直線とのずれ
10. min_res = 0.0
11. for i in range(20):
12.     y = a * dx[i] + b
13.     min_res += (dy[i]-y)**2
14. print(' ずれの初期値 : {0}'.format(min_res))
```

```
15.
16.    # 回帰直線を求める
17.    for i in range(200000):
18.        # 傾きと切片の更新量を決定
19.        wa = (random.random() - 0.5) * 0.001
20.        wb = (random.random() - 0.5) * 0.001
21.
22.        # 差の二乗和
23.        res = 0
24.        for j in range(20):
25.            y = (a + wa) * dx[j] + (b + wb)
26.            res += (dy[j] - y)**2
27.
28.        # 値を更新
29.        if res < min_res:
30.            min_res = res              # 仮の最小値
31.            a = a + wa                 # 傾き
32.            b = b + wb                 # 切片
33.    print('a: {0}, b: {1}, min_res: {2}'.format(a, b, min_res))
```

　プログラム7-6では500,000回、プログラム7-10では200,000回。「そんなに効率よくないじゃん」と思った人は、ぜひプログラム7-8とプログラム7-10の組み合わせにチャレンジしてください。最初の直線を実データに近いところにして、さらに段階的に傾きと切片を更新する量を変えると、うまくいけば50,000回程度でも精度よく回帰直線が求められます。

Python Tips 変数の値を文字列に埋め込んで出力する

　プログラム7-10を実行すると、次のような値が表示されます。1行目は最初の直線との「ずれ」（差の二乗和）、2行目は先頭から順に回帰直線の傾き、切片、最終的な「ずれ」です。これまでに画面に出力された値と、どこが違うかわかりますか？

```
ずれの初期値 : 1566.0
a: 3.821714635259146, b: 5.59861761687522, min_res: 1444.6670121796044
```

これまで画面に表示されるのは変数の中身だけでしたが、今回は「ずれの初期値：」や「a:」など、その値を説明する文字列が表示されています。このように文字列中に変数の値を埋め込むにはprint()の引数を次のように指定します。

```
print(' ずれの初期値 : {0}'.format(min_res))
```

ポイントは2つです。まず、画面に出力する文字列全体を引用符（'）で囲むこと。次に、変数の値を出力する位置には{0}を挿入することです。{0}に埋め込む値はformat()の引数で指定します。複数の値を埋め込むときは、

```
print('a: {0}, b: {1}, min_res: {2}'.format(a, b, min_res))
```

のように指定します。このときに{ }の数よりもformat()で指定した変数の数が少ない場合はエラーになるので注意してください。

⓫ NumPyを使って回帰直線を求める

最後にもっと簡単に回帰直線を求める方法を紹介しましょう。それはNumPyモジュールのpolyfit()[*12]を利用することです。プログラム7-11を実行すると、

```
a: 3.8217154703291016, b:5.59860067374965
```

のように、乱数を使って求めた回帰直線の傾きと切片と、ほぼ同じ値が得られます。

プログラム7-11　NumPyを使って回帰直線を求める

```
1.  import numpy as np
2.
```

```
3.  # データ
4.  dx = np.array([28, 26, 28, 27, 27, 20, 26, 22, 23, 19, 26, 23, 25,
                   21, 20, 18, 24, 19, 24, 25])              # 気温
5.  dy = np.array([111, 97, 102, 105, 108, 74, 116, 92, 112, 88, 116,
                   101, 93, 74, 87, 71, 94, 67, 105, 99])     # 販売数
6.
7.  # 回帰直線を求める
8.  a, b = np.polyfit(dx, dy, 1)
9.  print('a: {0}, b:{1}'.format(a, b))
```

＊12　polyfit() の3番目の引き数は回帰式の次数です。今回は直線を求めるので「1」になります。
　　　なお、式の次数については第8章「1.2 一次関数と直線の式」のコラムを参照してください。

コラム 焼きなまし法

　polyfit()を使う方法と乱数を使う方法、どちらも同じように回帰直線を求めることができました。ここで覚えておいていただきたいのは、「乱数を使って繰り返し値を求め直すことで、最終的に理想的な答え（最適解）を導くことができる」ということです。この手法を「焼きなまし法」あるいは「シミュレーテッド・アニーリング（Simulated Annealing = SA）」と言います。

　乱数を使ったこの手法は、話題の機械学習やデータ・サイエンスの分野でもキーとなる重要な手法です。ぜひ、覚えておきましょう。

Python Tips NumPyの配列

　NumPyモジュールに定義されている命令を使うときは、NumPyの配列（ndarray）にデータが代入されている必要があります。プログラム7-11では4～5行目でdxとdyに値を代入するときに

```
dx = np.array([28, 26, 28, 27, 27, 20, 26, 22, 23, 19, 26, 23, 25, 21,
               20, 18, 24, 19, 24, 25])
dy = np.array([111, 97, 102, 105, 108, 74, 116, 92, 112, 88, 116, 101,
               93, 74, 87, 71, 94, 67, 105, 99])
```

のようにNumPyモジュールのarray()を使用しました。これでPythonのリストか
らNumPyの配列を生成することができます。

第8章
機械学習への道のり
～これから学びたい領域

第2章から第7章まで、たくさんの直線の式を見てきました。数学のテーマとしては本当に限られた内容のため、中には物足りなさを感じたり、あるいは次に何をしたらいいのか戸惑ったりしている方がいるかもしれません。最後の章である本章はここまでの話を振り返りながら、次への足掛かりを見つけるための章です。少し難しいと感じることがあるかもしれませんが、ぼんやりと頭の片隅に残ればそれで十分です。いつかきっと、すべてが頭の中でつながる日が来ます。

① もう一度、関数とは

第2章で比例の話をしたときに、「$y = ax$ （$a \neq 0$）はxの値が1つに決まればyの値も1つに決まることから、『yはxの関数である』とも言う」という話をしました。改めて関数についてくわしく見ていきましょう。

1.1 $y = f(x)$

図8-1は、関数の仕組みを示した様子です。xを何らかの規則に従って変換すると、yが求まるというイメージです。数式で表すときは、「関数」という意味のfunctionの頭文字をとって

$$y = f(x) \quad \text{—— 式❶}$$

と表記するのが一般的です。以降の説明は$f(x)$がどういう関数であれ、yは$y = f(x)$であることを前提にしています。

図8-1 関数のイメージ

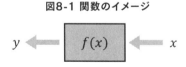

もちろん、数学ですから「何らかの規則」は数式です。たとえば$f(x) = 2x + 3$であれば、xに対応するyの値は表8-1のように決まります。このときに$f(1)$と表記すると「xが1のときの値」となり、答えは5になります。

表8-1 $f(x) = 2x + 3$

x	-3	-2	-1	0	1	2	3
y	-3	-1	1	3	5	7	9

　以上のことをプログラミングしたものがプログラム8-1です。繰り返しになりますが、入力値xを何らかの規則に従って変換した結果、出力値yがただ1つに決まるのが関数です。この関係は、図8-2のように座標平面上に点として表すことができます。

プログラム8-1　$f(x) = 2x + 3$のグラフ

```
1. %matplotlib inline
2. import matplotlib.pyplot as plt
3. import numpy as np
4.
5. # 関数の定義
6. def f(x):
7.     return 2*x + 3          # f(x) = 2x + 3
8.
9. # x座標 , y座標
10. x = np.arange(-3, 4)        # xの範囲 (-3 ~ 3)
11. y = f(x)                    # y = f(x)
12.
13. # グラフ
14. plt.plot(x, y, "o")         # 点を描画
15. plt.grid(color='0.8')       # グリッドを描画
16. plt.show()
```

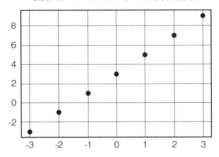

図8-2 プログラム8-1の実行結果

Python Tips もっと細かく点を描画する

プログラム8-1では10行目でNumPyモジュールのarange()を使って配列xに[-3, -2, -1, 0, 1, 2, 3]という値を代入しました。表8-1でも入力値 x を整数にしましたが、関数に与える値が整数に限定される必要はありません。

プログラム8-1の10行目を

```
10      x = np.arange(-3, 4, 0.5)      # xの範囲 (-3 ～ 4、0.5刻み)
```

にすると、arange()は-3から4の範囲で0.5刻みの連続する値を生成し、配列xには [3.0, -2.5, -2.0, -1.5, ……, 2.0, 2.5, 3.0, 3.5] が代入されます。図8-3は、この値を使ってyの値を計算してグラフを描画した様子です。図8-2よりも点の間隔が小さくなりましたね。arange()の3番目の引数を0.2や0.1に変えると、もっと細かく点を打てます。さらに細かくしていくと、やがて1本の直線のように見えるので試してみてください。

図8-3　xの値を0.5刻みで与えたとき

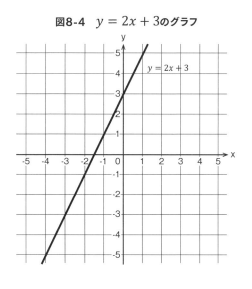

1.2 一次関数と直線の式

$y = 2x + 3$のようにxとyの関係を表す式がxの一次式で表されるとき、「yはxの一次関数である」と言います。一般的な式で表すと

$$y = ax + b \quad (a \neq 0)$$

です。また、一次関数のグラフは図8-4のような直線を描くため、$y = ax + b$を「直線の式」とも言います。

図8-4　$y = 2x + 3$のグラフ

$y = 2x + 3$

なお、一次関数のグラフは直線を描きますが、その逆は成立しません。別の言い方をすると、「直線の式だからといって必ずしも一次関数ではない」ということです。たとえば、$y = 3$や$x = 2$は図8-5のような直線を描きますが、$x = 2$は一次関数ではありませんね。$y = ax + b$で$a = 0$、$b = 3$のときはxの値に限らずyは常に3、つまり$y = 3$です。このようにyの値が定数になる関数を「定数関数」と言います。

図8-5　$y = 3$と$x = 2$の直線

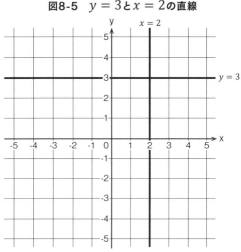

　ここで改めて2つの式を見てみましょう。一次関数の式には「$a \neq 0$」というただし書きがある理由も、今ならわかるのではないでしょうか。

　　　一次関数……$y = ax + b$　　$(a \neq 0)$　── 式❷

　　　直線の式……$y = ax + b$　── 式❸

コラム 式の次数

　$2a - 1$や$a + b^2$のような文字式で、＋や－で区切られたそれぞれを「項」と言い、各項の中で掛けられている文字の個数を「次数」と言います。項が複数ある式の場合は、一番大きな次数がその式の次数になります。たとえば、$2a - 1$は一次式、$a + b^2$は二次式です。

また、「xについての○次式」と表現された場合は、項の中でxを掛ける回数に注目してください。$ax + b$はxの一次式、$ax^2 + bx + c$はxの二次式、$ax^3 + bx^2$はxの三次式です。

1.3 関数とグラフ

xの値が決まればyの値が1つに決まるのが関数です。この本では直線に注目して一次関数を見てきましたが、数学に登場する関数はこれ以外にもいろいろあります。これらの関数の説明はまた別の機会にするとして、それぞれの関数が描くグラフの形を見ておきましょう。

■比例

第2章でも少し触れましたが、比例とはxの値が2倍、3倍になるにつれてyの値も2倍、3倍になるような関係[*1]です。式で表すと

$$y = ax \quad (a \neq 0) \quad\text{── 式❹}$$

です。この式は一次関数$y = ax + b \, (a \neq 0)$の$b = 0$のときと同じですね。つまり、比例とは一次関数の特別な場合で、グラフはつねに原点を通る直線になります（図8-6）。

図8-6　$y = 2x$のグラフ

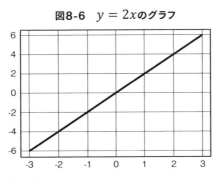

*1　このような関係を「正比例」と言います。

プログラム8-2は、図8-6のグラフを描くプログラムです。関数の定義（6
〜7行目）を変更し、必要であれば入力値xの範囲（10行目）を工夫するこ
とで、このあとに紹介するすべてのグラフが描けます。また、直線の式で傾
き$a < 0$のときは右下がりになるように、それぞれの関数も符号を変える
とグラフの形が変わります。興味のある方はいろいろ試してみてください。

プログラム8-2 $y = 2x$のグラフ

```
1.  %matplotlib inline
2.  import matplotlib.pyplot as plt
3.  import numpy as np
4.
5.  # 関数の定義
6.  def func_prop(x):
7.      return 2*x        # y = 2x
8.
9.  # x座標、y座標
10. x = np.arange(-3, 4)
11. y = func_prop(x)
12.
13. # グラフを描画
14. plt.plot(x, y)
15. plt.grid(color='0.8')
16. plt.show()
```

■反比例

1人では12時間かかる作業も、2人で手分けすると6時間、3人だと4時
間で済みそうですね。このように変化する2つの量の積が一定の関係を「反
比例」と言います。式で表すと

$$y = \frac{a}{x} \quad \text{—— 式} ❺$$

です。「これも一次関数だよね」と思いたくなるかもしれませんが、反比例の式は一次関数ではありません。

表8-2は$f(x) = \frac{12}{x}$のときのxに対応するyの値です。0で割り算することはできないので[*2]、$x = 0$に対応するyの値はありません。xの範囲を表8-2のようにしたとき、グラフは図8-7のような曲線を描きます。これを「双曲線」と言います。

表8-2 $f(x) = \frac{12}{x}$

x	-6	-5	-4	-3	-2	-1	0	1	2	3	4	5	6
y	-2	-2.4	-3	-4	-6	-12	-	12	6	4	3	2.4	2

図8-7 $y = \frac{12}{x}$のグラフ

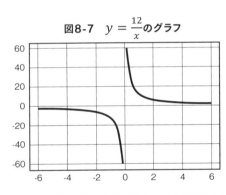

[*2] $10 ÷ 1 = 10$、$10 ÷ 0.1 = 100$、$10 ÷ 0.01 = 1000$、$10 ÷ 0.001 = 10000$……と割る数を0に近づけるほど商はどんどん大きな値になりますね。極限まで0に近づけると商は無限の大きさになるため、0で割り算することは認められていません。なお、0で割り算できない理由は、これ以外にもさまざまな説明がされています。

■二次関数

二次関数とはyの値がxの二次式で表される関数です。グラフは図8-8に示すような放物線を描きます。

$$y = ax^2 + bx + c \quad (a \neq 0) \quad \text{—— 式} ❻$$

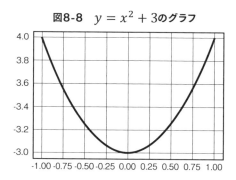

図8-8　$y = x^2 + 3$のグラフ

■三次関数

yの値がxの三次式で表される関数を三次関数と言います。グラフは図8-9のようなカーブを描きます。

$$y = ax^3 + bx^2 + cx + d \quad (a \neq 0) \quad ── 式❼$$

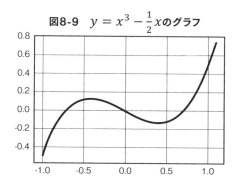

図8-9　$y = x^3 - \frac{1}{2}x$のグラフ

■指数関数

「指数関数的に増加する」という表現を聞いたことはありませんか？1つの細胞が分裂して2つになる。次はその2つの細胞がそれぞれ分裂して4つになる。さらに分裂して8個になる……というように繰り返していくと、10回目には細胞は1,024個に、20回目には1,048,576個になります。このように、短い期間で爆発的に増加する[*3]のが指数関数の特徴です。図

8-10を見て、「爆発的と言うほど増えてないんじゃない？」と思った人は、グラフの目盛りをよく見てみましょう。横軸と縦軸とでは、値が大きく違いますね。

図8-10　$y = 2^x$のグラフ

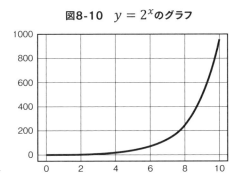

指数関数の式は

$$y = a^x \quad (a > 0、a \neq 1) \quad \text{—— 式❽}$$

のように表します。なお、この式のaを指数関数の底（てい）と言います。

* 3　$y = a^x$で$0 < a < 1$のとき、xの値が増えるにつれてyの値は減少します。

■対数関数

指数関数$y = a^x$は「aをx乗したらいくつになるか」を表しています。たとえば2の3乗なら$2^3 = 8$ですね。これを逆に表現したものが対数で、「2を何乗したら8になるか」を$\log_2 8$のように表します。この例では3乗ですから、$\log_2 8 = 3$となります。指数関数との対で見ると$x = \log_a y$となりますが、数学では入力値をx、出力値をyとするのが一般的なので、対数関数を表す式は次のようになります。なお、aを対数関数の底、xを真数（しんすう）と言い、xの定義域は$x > 0$です。

$$y = \log_a x \quad (a > 0、a \neq 0) \quad \text{—— 式❾}$$

プログラム8-3は$y = \log_2 x$のグラフを描くプログラムで、これを実行すると図8-11が作成されます。NumPyモジュールには2を底とする対数関数log2()が定義されている* 4ので、それを使用しました（4行目）。なお、対数関数は真数（x）が正の値のときしか定義されません。xの範囲を指定する

ときは注意してください（3行目）。$x \leqq 0$の値を与えると「0で割り算できない」または「計算中に無効な値が見つかった」というエラーが発生します。

プログラム8-3　$y = \log_2 x$のグラフ

```
1. import numpy as np
2.
3. x = np.arange(0.1, 10, 0.1)
4.     y = np.log2(x)                    # y = log₂ x
5.
6. plt.plot(x, y)
7. plt.grid(color='0.8')
8. plt.show()
```

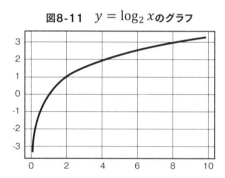

図8-11　$y = \log_2 x$のグラフ

＊4　NumPyモジュールには log()（自然対数）、log10()（常用対数）も定義されています。

■三角関数

　直角三角形で直角以外の角の1つを θ とすると、三辺の比は角θで決まります。これを角θの関数と見たものが三角関数[5]です。第4章ではその中の$\sin$と$\cos$を使って円を描く方法を紹介しました（図8-12）[6]。

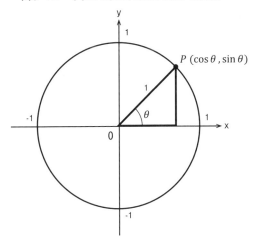

図8-12 半径1の円と円周上の点Pの座標

図8-12に示した点Pのy座標である$y = \sin\theta$に注目し、θをxとして$y = \sin x$のグラフを描くと、図8-13のようにきれいな波を描きます（プログラム8-4を実行したもの）。これを「正弦波」と言います。

図8-13　$y = \sin x$のグラフ

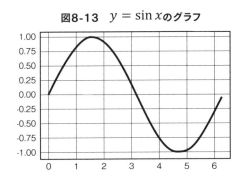

プログラム8-4　$y = \sin x$のグラフ

```
1. import numpy as np
2.
3. x = np.radians(np.arange(0, 360))
4. y = np.sin(x)                          # y = sin x
5.
```

```
6. plt.plot(x, y)
7. plt.grid(color='0.8')
8. plt.show()
```

＊5　三角関数には sin（正弦）、cos（余弦）、tan（正接）と、それぞれの逆関数を合わせて
　　全部で6種類あります。
＊6　第4章「6 円に接する線」を参照してください。

2 変化の割合

第2章で、直線の傾きと変化の割合について解説しました。ここでは、「変化の割合」に焦点を当てて、もう少し深く掘ってみましょう。関数のグラフが曲線を描くとき、傾きはどうなると思いますか？

2.1 関数と変化の割合

あらためて説明すると、変化の割合は「xの値が1増えるときに、yの値がどれだけ増えるか」です。これは

$$変化の割合 = \frac{y の増加分}{x の増加分} \quad \text{—— 式⑩}$$

で求めることができます。一次関数のグラフは図8-14のような直線を描くため、変化の割合はどこで調べても同じ値になります。

図8-14　変化の割合は一定（一次関数）

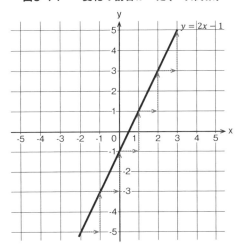

さて、問題はグラフが曲線を描く場合です。図8-15は$y = x^2$のグラフですが、xの正の値に注目すると1増えるごとにyの値は1、3、5……のように増えています。また、$x < 0$の範囲を見ると、こちらはxの値が増えるにつれ

てyの値は減少していますね。

　ここでは二次関数を例にしましたが、三次関数もほかの関数も反比例も
そうですが、グラフが曲線を描くとき、変化の割合は一定ではありません。

図8-15　場所によって変化の割合が異なる

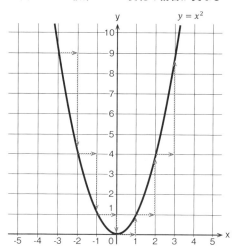

2.2 微分をほんの少しだけ

　曲線の変化の割合について、もう少しくわしく見ていきましょう。図
8-16左は$y = f(x)$のグラフ上に点Aと、そこからx方向にhだけ離れた
ところに点Bを取った様子です。点Aの座標を$(a, f(a))$とすると、点Bは
$(a + h, f(a + h))$で表すことができますね。これを式❿に当てはめると、点
AがBまで変化する間にyが変化する割合は、

$$\frac{f(a+h)-f(a)}{h} \quad\text{——}\text{①}$$

です。これは直線ABの傾きと同じですね。

238

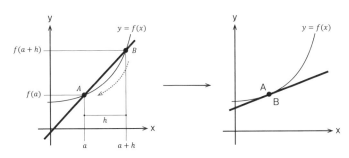

図8-16 曲線上の2点を通る直線の傾きと、曲線に接する線

　この状態から点Bを少しずつ点Aに近づけていきましょう。すると、hの値は限りなく0に近づいて、極限まで近づいたとき直線ABは点Aを通って$y = f(x)$が描く曲線に接する線になります（図8-16右）。これを「接線」と言います。このときの直線ABの傾きを、数学の世界では

$$\lim_{h \to 0} \frac{f(a+h) - f(a)}{h} \quad\text{—— 式⓫}$$

のように表します。先頭の$\lim_{h \to 0}$は「hが限りなく0に近づくとき」という意味で、どんなにhを小さくしても0になることはありません。そして式⓫を数学の世界では「微分係数」と言います。

　いきなり「微分」とか$\lim_{h \to 0}$が出てきて面食らったかもしれませんが、①の式だけ見ればそれほど難しい話ではありませんね。今の段階では、図8-16と一緒に「微分係数とは、$y = f(x)$上の点 $(a, f(a))$ における接線の傾きである」ということを覚えておけば十分です。

2.3 曲線の接線を描画する

　ところで、みなさんは「微分する」という言葉を聞いたことはありませんか？　「微分する」とは図8-16で見たように、xの値をほんの少しずつ動かしながらyの値がどう変化するかを調べることで、それによってある点における微分係数を求めるための式[*7]を見つけることができます。本当は微分の本質をもっとくわしく説明したいところなのですが、それは本書の

守備範囲から少しはずれてしまうので、ここでは「SymPyを使って微分する」方法と、それを利用して曲線の接線が描けることだけを確認しておきましょう（図8-17）。

図8-17 $f(x) = x^2$のグラフと$f(3)$における接線

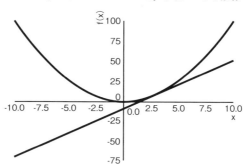

* 7　これを「導関数」と言います。

■$f(x) = x^2$のグラフ

プログラム8-5は$f(x) = x^2$という関数を定義して、グラフを描画するプログラム、図8-18はその実行結果です。SymPyモジュールの使い方を忘れてしまった人は第3章に戻って確認してください。

プログラム8-5　$f(x) = x^2$のグラフ

```
1. import sympy as sp
2. sp.init_printing()
3.
4. # f(x) = x^2
5. x = sp.Symbol('x')            # 「x」を定義
6. fx = x**2                     # f(x) = x²
7. display(fx)
8.
9. # グラフを描画
10. sp.plot(fx)
```

図8-18　プログラム8-5の実行結果

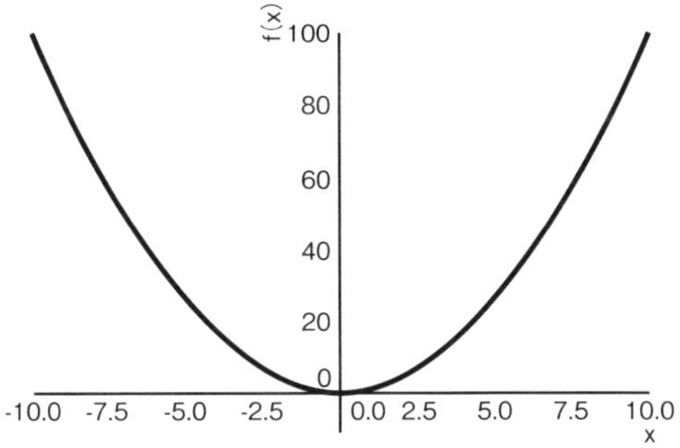

■$f(x) = x^2$を微分する

　数学の授業では頭を悩ませられてばかりだった微分ですが、SymPyの diff()を使って

　　　sp.diff(fx)

のように記述するだけで、fxに定義されている式（プログラム8-5で言えば x^2）を微分できます。先にプログラム8-5を実行したうえで、次の命令を実行してみてください。

```
In [2] :        sp.diff(fx)
```

```
Out [2] :    2x
```

　x^2を微分した結果、「$2x$」という式が得られました。これが微分係数を求めるための式です。

　微分係数は$y = f(x)$のある点における接線の傾きですから、たとえば $x = 3$のときの傾きであれば、得られた式のxに3を代入すると求められます。それには次のように記述します。

```
In [3] :        sp.diff(fx).subs(x, 3)
```

```
Out [3] :    6
```

■ $f(x) = x^2$ の $x = 3$ における接線

$f(x) = x^2$ を微分した結果、$x = 3$ における接線の傾きは6であることがわかりました。あとは接点 (x_1, y_1) の座標がわかれば

$$y = a(x - x_1) + y_1 \quad \text{—— 第3章の式 ❸ (再掲)}^{*8}$$

を使って接線の式が求められますね。プログラム8-6は、この式を使って $f(x) = x^2$ の $x = 3$ における接線を描画するプログラムです。実行結果は図 8-17に戻って参照してください。このときグラフと同時に「もとの関数」、「微分した結果」、「接線の式」も表示されます。

なお、プログラム8-6では接点のx座標を7行目で指定しました。この値を変更することで結果がどのように変わるのか、また、3行目で変数fxに代入する関数を変更するとどうなるのか、いろいろ試してみましょう。

プログラム8-6 $f(x) = x^2$ の $x = 3$ における接線

```
1.  # f(x) = x^2
2.  x = sp.Symbol('x')              # 「x」を定義
3.  fx = x**2                       # f(x) = x²
4.  display(fx)
5.
6.  # 接点の座標
7.  x1 = 3
8.  y1 = fx.subs(x, x1)
9.
10. # 微分係数 (x₁における接線の傾き)
11. a = sp.diff(fx).subs(x, x1)
12. display(sp.diff(fx))
13.
14. # 接線の式 (( x₁,y₁) を通って傾きがaの直線)
15. y = a * (x - x1) + y1
16. display(y)
17.
18. # グラフを描画
19. sp.plot(fx, y)
```

③ 機械学習のおはなし

AI（Artificial Intelligence：人工知能）、機械学習、ディープ・ラーニング……いずれも新聞や雑誌の見出しに毎日のように載るキーワードです。みなさんの中にも、いずれはこの分野に進みたいと思っている人がいるのではないでしょうか。それが現実になるのは、そう遠くない話です。なぜならみなさんは、ここまでのところで機械学習をすでに体験しているのですから。

3.1 機械学習で解決できる課題

AIや機械学習、ディープ・ラーニングという言葉をきちんと定義するのは難しいのですが、ここでは「機械学習はAIの中の1つの技術」であり、「コンピュータが大量のデータを解析して、問題解決に役立つ何らかのパターンを見つけること」とします。そのための方法に「教師なし学習」と「教師あり学習」があります。ここに大量の顔画像データ（顔写真）があると仮定して、学習方法の違いを簡単に見ておきましょう。

教師なし学習は大量の顔写真をコンピュータに与えて、特徴量や共通点、パターンを見つける手法です。その中の1つである「クラスタリング」は、得られた特徴を利用して似ているデータをグループ化する手法です。なお、同じグループに分類されたデータから、その集団の持つ意味、たとえば「子供のグループ」とか「高齢者のグループ」などを考えるのは人間の仕事です。

一方の教師あり学習は、顔写真と一緒に正解ラベルを与えて、その特徴やパターンを学習する手法です。たとえば正解ラベルとして年齢を与えて学習させると、新たな顔写真を与えたときに20代や30代のように年代別に「分類」したり、「回帰」という手法を利用すれば「この人は27.3歳」といったように年齢を推定したりもできます。──ほら、回帰という言葉に見覚えはありませんか？

3.2 「学習する」の意味

　第7章では最高気温とジュースの販売本数から散布図を描き、データの傾向を最もよく表す直線を求める方法を紹介しました（図8-19）。この直線の式を「回帰式」と言って、これを利用すれば「最高気温が25℃の日はジュースがおよそ100本売れる」という予測ができるのでしたね。この回帰式を求めることこそが、機械学習の「線形回帰モデル」だと聞いたら、びっくりしませんか？

図8-19　散布図と回帰直線

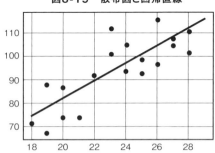

　回帰式を求めるために、第7章では最小二乗法という手法を使いました（図8-20）。これは実データと予測値との「ずれ」がもっとも小さくなるような直線を求める方法で、そのために直線の傾きaと切片bの値を少しずつ調整する処理を500,000回繰り返しました[*9]。この作業を機械学習では「学習する」と言います。

　機械学習では直線の傾きaや切片bの代わりに「重み」や「パラメータ」という言葉を使いますが、要するに「学習する」とは「実データと予測値との『ずれ』が小さくなるように何度も何度も計算を繰り返すことで、最終的に最適な重み（パラメータ）を見つける作業」ということになります。

図8-20 実データと予測値のずれ

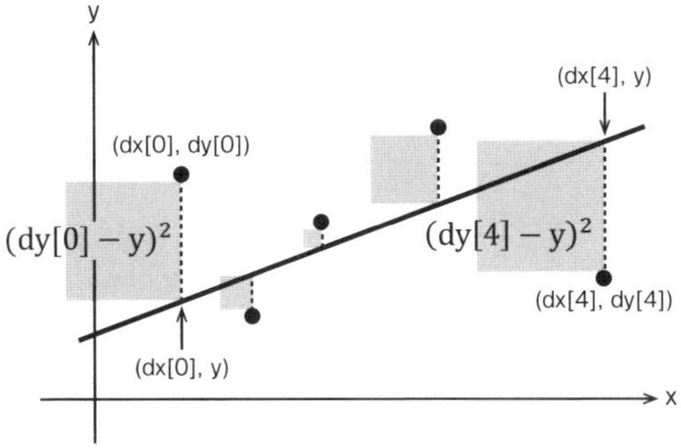

* 9　第 7 章「7 乱数を使って回帰直線を見つける」のプログラム 7-6 を参照してください。

3.3 損失関数とは

　機械学習の勉強をしていると「学習する」のほかに「損失関数」という言葉もよく出てきます。これは学習で得られたモデル、今回の例で言うと回帰式ですが、それで予測した値が実データとどれだけずれているか、つまりモデルの「性能の悪さ」を表す指標です。

　もう一度、図8-20を見てください。この図のグレーで示した部分は予測値と実データの「ずれ」を二乗した値を表しています。この「ずれ」の総和が小さいほど、直線は散布図で示されたデータの傾向をよく表しているのでしたね。逆に言えば、「ずれ」の二乗和が大きいときは回帰式の精度が悪いということです。これが損失関数です。

　精度のよいモデル（回帰式）とは、損失関数（「ずれ」の二乗和）の値が最小になるモデルです。そのようなモデルを得るために（損失関数の値がゼロに近づくように）、重み（直線の傾きaと切片b）を何度も何度も繰り返し調整する——「学習する」とはどういうことか、何となくイメージできたでしょうか。

　さて、第7章では乱数を使って回帰式を見つけました。このときに「ずれ」の二乗和がどうなっていたか、気になりませんか？　プログラム8-7は、回帰式を求めるプログラム（プログラム7-4および7-6）をもとに、最初に

第**8**章　機械学習への道のり〜これから学びたい領域

245

設定した仮の回帰の直線 $(y = 0)$ からスタートして最終的な回帰直線を得るまでの間に、「ずれ」の二乗和がどのように変化していたのか、それをグラフで表すプログラムです。これを実行すると図8-21のグラフが表示されます。繰り返しの最初の方で値（「ずれ」の二乗和）が大きく減って、順調にゼロに近づいていることが確認できますね。

プログラム8-7 「ずれ」の二乗和の変化をグラフで表す

```
1. %matplotlib inline
2. import matplotlib.pyplot as plt
3. import random
4.
5. # データ
6. dx = [28,26,28,27,27,20,26,22,23,19,26,23,25,21,20,18,24,19,24,25] # 気温
7. dy = [111,97,102,105,108,74,116,92,112,88,116,101,93,74,87,71,94,67,105,99] # 販売数
8.
9. # 初期値
10. a = 0.0        # 直線の傾き
11. b = 0.0        # 切片
12.
13. # y=0 との「ずれ」の二乗和
14. min_res = 0.0
15. for i in range(20):
16.     y = a * dx[i] + b
17.     min_res += (dy[i]-y)**2
18. print(min_res)
19.
20. dat=[]   #「ずれ」の二乗和の最小値
21. for i in range(500000):
22.     # 傾きと切片の更新量を決定
23.     wa = (random.random() - 0.5) * 0.001
24.     wb = (random.random() - 0.5) * 0.001
25.
26.     #「ずれ」の二乗和
```

```
27.    res = 0
28.    for j in range(20):
29.        y = (a + wa) * dx[j] + (b + wb)
30.        res += (dy[j] - y)**2
31.
32.    # 値を更新
33.    if res < min_res:
34.        min_res = res          # 仮の最小値
35.        a = a + wa             # 傾き
36.        b = b + wb             # 切片
37.    dat.append(min_res)        # 最小値を追加
38. print(a, b, min_res)
39.
40. # グラフを表示
41. plt.figure(figsize=(12,4))
42. plt.plot(dat)
43. plt.show()
```

図8-21　プログラム8-7の実行結果

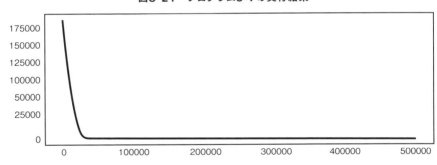

Python Tips **プロットの大きさを変更する**

　特別な指定をしない限りMatplotlib.Pyplotモジュールで描画するグラフは決まった大きさになります。今回は図8-21のように大きさを変更したかったので、プログラム8-7ではfigure()を利用しました（41行目）。

```
41.    plt.figrue(figsize=(12, 4))
```

　figsizeオプションには、幅と高さをタプル型で与えてください。単位は
インチです。なお、この命令はplot()やscatter()でグラフを描画する前に実
行する必要があります。

---

4 数式とプログラム

　最小二乗法とは、実データと予測値との「ずれ」の二乗和を最小にする
ことで、データの分布傾向を最もよく表す式を見つける方法です。いま実
データをt、予測値をyとすると、図8-22に示すグレーの部分の総和を求め
る式は次のように表すことができます。

$$\sum_{i=1}^{5}(t_i - y_i)^2 \quad\text{——} \quad②$$

　数学を「難しい」、「苦手だ」と感じる理由は、普段はあまり見ない記号を
使って、こんな風に唐突に「はい、こうなります」と示されるからではない
でしょうか。でも、1つだけ言えることは、どんなに難しい記号を使った式
も、突き詰めれば四則演算（足し算、引き算、掛け算、割り算）の組み合わ
せだということです。

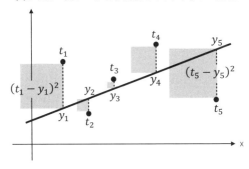

図8-22　実データと予測値との「ずれ」の二乗和

　もう一度、図8-22を見てください。この図のグレーで示した正方形の面積の合計は

$$(t_1 - y_1)^2 + (t_2 - y_2)^2 + (t_3 - y_3)^2 + (t_4 - y_4)^2 + (t_5 - y_5)^2$$

で求めることができますね。tとyの添え字が異なるだけで、計算の中身は$\left(t_\bullet - y_\bullet\right)^2$を繰り返し計算して、その結果を足し算しているだけです。この「繰り返し」「足し算する」部分を何度も書くのは大変なので、代わりに同じ意味を持ったΣに置き換えたものが最初の式です。このときΣの下に記述した「$i=1$」は添え字iの初期値、Σの上の「5」は、iを1ずつ増やして「5になるまで足し算を繰り返す」という意味です。

　「計算式を簡潔に表すための記号を使ったせいで、余計にわからなくなったじゃないか！」と言いたくなるかもしれません。その気持ちはよくわかりますが、見慣れない記号が出てきたら、まずはその意味を調べましょう。記号の持つ意味がわかれば、プログラムに置き換える方法も見えてきます。たとえば、Σの「繰り返し足し算する」という処理はforループで解決できそうですね。別の例で言えば、この章の「2 変化の割合」では$\lim_{h \to 0} \frac{f(a+h)-f(a)}{h}$が登場しましたが、これが微分係数を表すことがわかれば、SymPyモジュールのdiff()を利用できることに気付けるかもしれません。うまくプログラムに置き換えられれば、自分で計算するよりもはるかに手軽に答えを出せます。その答えを見ながら考えることで、数式の意味をさらに理解できるようになります。数学を勉強するときに役立つ道具として、これからもぜひPythonを活用してください。

Σを使って表記された計算式をfor文に置き換えるときは、繰り返しの条件に注意してください。たとえば、$\sum_{i=1}^{5}(t_i-y_i)^2$は「添え字の$i$が1から5になるまでの繰り返し」です。単純に5回繰り返すというのであればrange()の引数を次のようにしても問題ありませんが、このときiの値は

```
In [1] :        for i in range(5):
                    print(i)


   Out [1] :    0
                1
                2
                3
                4
```

のように変化します。配列の要素を参照するなど、iの値に意味があるときは注意が必要になるケースがあることを覚えておいてください。

また、$\sum_{i=1}^{5}$に引きずられてrange()の引数を次のようにした場合は「1～4」の繰り返しになってしまうことにも注意が必要です。

```
In [2] :        for i in range(1, 5):
                    print(i)


   Out [2] :    1
                2
                3
                4
```

第1章でも解説しましたが、iの値が「1～5」の間で繰り返すには、range()の2番目の引数が「6」でなくてはなりません。

```
In [3] :        for i in range(1, 6):
                    print(i)
```

```
Out [3] :    1
             2
             3
             4
             5
```

　Pythonでforループを記述するときの基礎の基礎なのですが、数式の記述に引っ張られ、わかっているのにやってしまいがちな間違いなので気を付けてくださいね。

［ 索引 ］

●本書についての最新情報、訂正、重要な
お知らせについては、下記Webページを
ご参照ください。
https://project.nikkeibp.co.jp/bnt/

文系でも必ずわかる
中学数学×Python
超簡単プログラミング入門

2020年9月23日　　第1版第1刷発行

著者	谷尻かおり（メディックエンジニアリング）	装幀	山之口正和（OKIKATA）
発行者	村上広樹	デザイン	松田 剛（東京100ミリバールスタジオ）
編集	仙石 誠	DTP制作	東京100ミリバールスタジオ
発行	日経BP	イラスト	ばじぃ
発売	日経BPマーケティング	印刷・製本	図書印刷
	〒105-8308　東京都港区虎ノ門4-3-12	編集協力	潮木祐太 （「中学数学の無料オンライン学習サイト chu-su-」主宰）